생각한 대로 말하는 대로

술술 글쓰기 마법책

시작책 ❶

파스텔하우스

오현선(라온오쌤) 지음

대학원에서 독서 논술을 전공하고, 독서교육 전문가로 24년째 활동하고 있습니다.
독서 교실을 운영하며 어린이들과 매일 읽고 쓰고요.
도서관과 학교에서 양육자님들을 만나며 독서교육의 참 가치를 전달해 드립니다.
네이버 카페 '라온북다움'을 통해 전국의 어린이들과 읽기, 쓰기도 함께하고 있어요.
지은 책으로《초등 미니 논술 일력 365》,《하루 10분 초등 신문》,《초등 1학년 기적의 첫 독서법》,
《뚝딱! 미니 논술》,《초등 완성 생각정리 독서법》,《초등 짧은 글+긴 글 3단계 완주 독후감 쓰기》,
《하루 10분 바른 글씨 마음 글씨》,《우리 아이 진짜 독서》,《우리 아이 진짜 글쓰기》 등이 있습니다.

유튜브 라온쌤의 독서교육 TV ㅣ 라온쌤 글쓰기
블로그 blog.naver.com /few24 (오쌤의 독서교육 이야기)
인스타그램 @raon_book_teacher
네이버카페 라온북다움 cafe.naver.com/laonbookdaoom

유민하(루잇) 그림

대학에서 시각디자인을 전공하고, 지금은 어린이책에 그림을 그리고 있습니다.
어린이들과 동물들의 모습을 담은 따스하고 귀여운 그림을 그리면서 행복을 느낍니다.
그린 책으로《스토리버스》시리즈가 있습니다.

인스타그램   @ruiit_

파스텔 창조책 04

초판 발행 2024년 2월 21일
초판 3쇄 발행 2024년 9월 24일
글 구성 오현선   그림 유민하
기획편집 최문영   디자인 스튜디오 서로   제작 공간
독자기획(4기) 김현숙(정하유), 성혜정(박호진, 박윤오), 이윤실(하율), 이미애(노하윤, 노하은), 진은주(김휘진, 김도진),
최선은(정세연, 정시환), 홍경은(박민재, 박민찬)
펴낸이 최문영   펴낸곳 파스텔하우스   출판등록 제2020-000247호(2020년 9월 9일)
주소 04038 서울특별시 마포구 잔다리로 48, 3층
전화 02-332-2007   팩스 02-6007-1151   이메일 pastelhousebook@naver.com
ISBN 979-11-983329-5-0 74700   979-11-983329-4-3(세트)
글 구성 © 오현선

잘못 만들어진 책은 서점에서 바꾸어 드립니다.
이 책은 저작권법에 따라 보호받는 저작물이므로 무단 전재와 무단 복제를 금합니다.
이 책의 전부 또는 일부를 이용하려면 반드시 저작권자와 출판사의 서면 동의를 받아야 합니다.

홈페이지 pastelbook.co.kr 인스타그램 @pastelhousebook
다양한 책 이벤트에 참여하고, 향후 활동 자료도 받으세요.
어린이 독자님의 의견과 질문을 언제나 환영합니다.

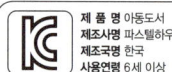

제 품 명 아동도서
제조사명 파스텔하우스
제조국명 한국
사용연령 6세 이상

주의사항 종이에 베이거나 긁히지 않도록 조심하세요.
책 모서리가 날카로우니 던지거나 떨어뜨리지 마세요.
KC마크는 이 제품이 공통안전기준에 적합하였음을 의미합니다.

머리말

글짓기가 아닌 글쓰기를 하자
짧은 한 문장부터 긴 두세 문장까지 생생하게 술술!

친구들! 이제 우리 같이 글쓰기를 할 거야. 먼저 아래 문장을 볼래? 어떤 게 글쓰기일까?

동그라미 속 문장은? 글쓰기가 아닌 **글짓기**야. 네가 진짜 보거나 들은 일, 해 보거나 생각한 일이 아니라 문장만 만들면 글짓기지.
네모 속 문장은? 이게 바로 **글쓰기**야. 딸기를 먹고 나서 행복했던 일, 그러니까 네가 진짜 해 보고 느낀 것을 썼으니까.

어때? 글짓기는 내 마음이나 생각과 상관없이 쓰는 거라서 지루할 수 있어. 하지만 글쓰기는 내가 진짜 보고, 듣고, 한 일을 쓰니까 훨씬 재미있지.

우리 같이 글쓰기를 하자! 위처럼 딱 한 문장만 써도 글이니까 쉽게 시작해. 점점 자세한 문장으로 늘리다 보면, 마음과 생각을 글로 자유롭게 표현하는 힘이 생겨. 그럼 시작해 볼까?

— 오현선 선생님이

시작 전 자기소개 하기

글쓰기를 처음 할 때 가장 좋은 게 바로 '나'를 소개하는 거야. 너에 대해 알려 줄래?

선생님을 따라 해 봐. 빈칸에 나를 소개하는 말을 넣어. 처음에는 짧게 쓰고, 조금씩 길게 써.

나는 선생님이야 .

나는 독서 선생님이야 .

나는 독서와 글쓰기를 좋아해 .

나는 너희들과 즐거운 글쓰기를 할래 .

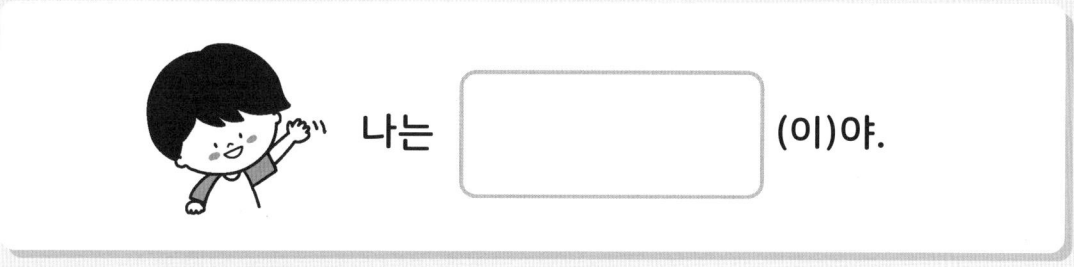

나는 [   ](이)야.

이제 너의 소개가 듣고 싶어. 빈칸에 이름만 넣어서 소개해 봐. 이렇게 한 문장만 써도 글이 돼. 글의 시작은 한 문장이거든!

★ 이름 말고도 너를 소개하는 말을 써 봐. 처음에는 짧게 쓰고, 조금씩 길게 써. 다 채우기 어려우면 이 책을 끝내고 다시 해 봐!

나는 [   ].

나는 [   ] [   ].

나는 [   ] [   ] [   ].

나는 [   ] [   ] [   ] [   ].

차례

머리말   3
자기소개 하기   4

① 문장이 뭐예요?
문장이 뭐예요?   8
한 문장을 구분해요   10
문장과 단어를 구분해요   13

② 문장의 순서를 알아요
두 덩어리 문장을 만들어요   18
세 덩어리 문장을 만들어요   22

③ 긴 문장의 순서를 알아요
네 덩어리 문장을 만들어요   28
다섯 덩어리 문장을 만들어요   32

④ 문장의 뒤를 완성해요
'누가'를 넣어서 써요   38
'언제'를 넣어서 써요   40
'어디'를 넣어서 써요   42
'무엇'을 넣어서 써요   44
'물음표'를 넣어서 써요   46
'느낌표'를 넣어서 써요   48

⑤ 문장의 앞을 완성해요
'움직말(동사)'을 넣어서 써요   52
'그림말(형용사)'을 넣어서 써요   56

⑥ 한 단어를 골라 문장을 써요 1
'이름말(명사)'을 넣어서 써요   62
'감정말'을 넣어서 써요   66

⑦ 한 단어를 골라 문장을 써요 2
'날씨말'을 넣어서 써요   72
'음식말'을 넣어서 써요   76

⑧ 여러 단어를 골라 문장을 써요
두 단어를 넣어서 써요   82
세 단어를 넣어서 써요   86

⑨ 문장을 자세히 써요
문장을 점점 길게 써요   92
문장을 한 번에 길게 써요   98

⑩ 두 문장과 세 문장을 써요
어휘를 사용해 두 문장을 써요   106
이어지는 세 문장을 써요   118

지도하는 분을 위한 예시 답   125

1 문장이 뭐예요?

1 문장이 뭐예요?

자기소개에서 쓴 게 바로 문장이야. '문장'은 글의 가장 작은 덩어리지.
문장은 '단어'가 모여서 만들어져.

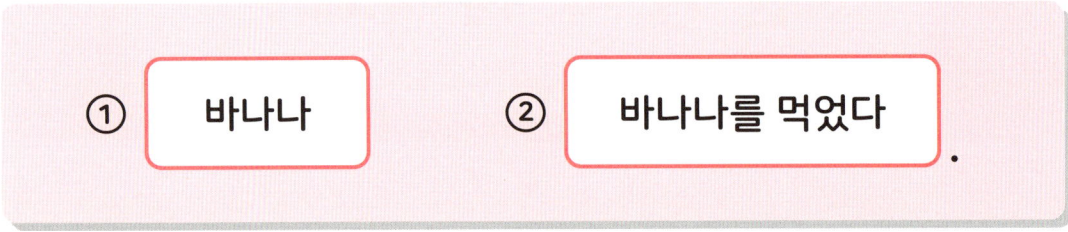

①번과 ②번을 읽어 봐.
둘의 차이점이 뭘까? ①번은 '바나나'라는 말만 있어.
그런데 ②번은 바나나를 '먹었다'는 **행동**까지 담겨 있네.

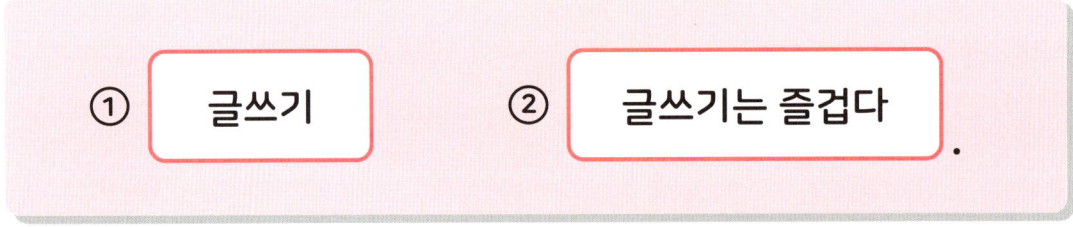

이번에는 어떤 차이점이 있니? ①번은 '글쓰기'라는 말만 있어.
그런데 ②번은 글쓰기는 '즐겁다'는 **생각**까지 담겨 있지.

★ 그럼 ①번과 ②번 중 어떤 게 문장일까? ☐ 번

행동이나 생각까지 담긴 ❷번이 모두 문장이야.
이렇게 어떤 행동, 생각, 마음이 담긴
글의 가장 작은 덩어리를 '문장'이라고 해!
그리고 문장은 단어들이 모여서 만들어져. 아래를 볼까?

'바나나', '먹었다'처럼 뜻이 있는 가장 작은 말,
'를'처럼 옆에 붙어서 도와주는 말을 '단어(낱말)'라고 해.

★ 단어가 모여야 문장이 돼. 다음 단어를 모아 문장으로 써 봐.

2 한 문장을 구분해요

문장이 무엇인지 알았으면, 한 문장을 구분하는 법을 알아보자.

★ 글을 읽고 마침표(.), 물음표(?), 느낌표(!)에 모두 동그라미 해 봐.

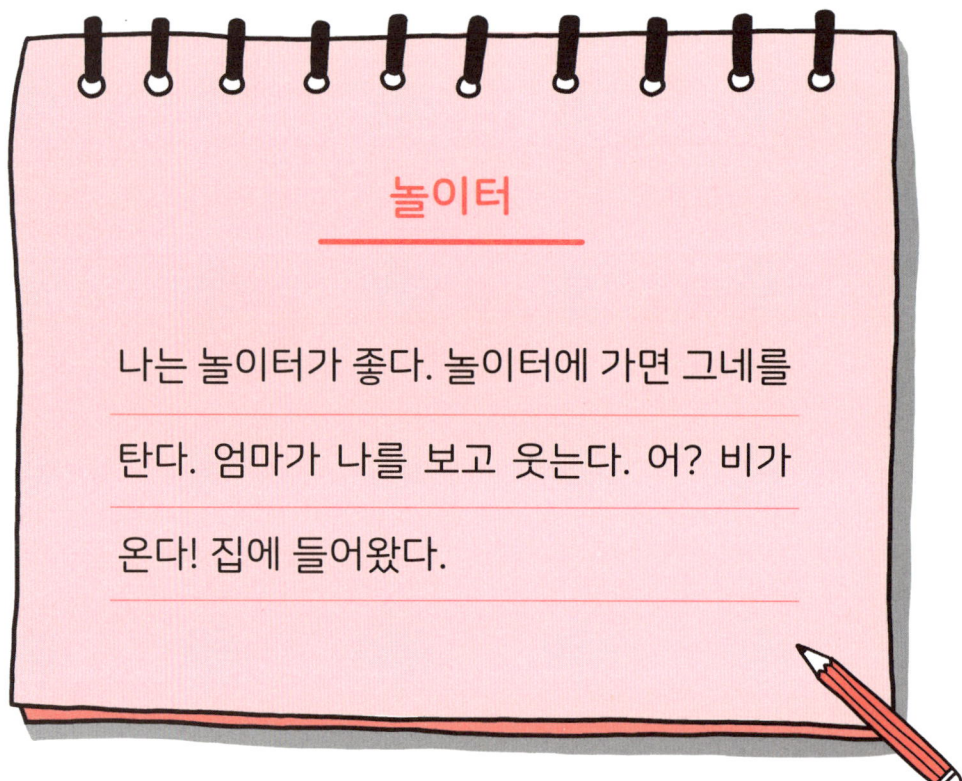

놀이터

나는 놀이터가 좋다. 놀이터에 가면 그네를 탄다. 엄마가 나를 보고 웃는다. 어? 비가 온다! 집에 들어왔다.

★ 동그라미가 몇 개 생겼어?

 개

동그라미 한 마침표(.), 물음표(?), 느낌표(!)는
한 문장이 끝날 때 쓰는 표시야. '문장 부호'라고 하지.
세 가지 문장 부호를 보면 한 문장이 어디까지인지 쉽게 구분할 수 있겠지?
이 문장 부호를 세면 문장의 개수도 금방 알 수 있어.

⭐ 그럼 이 글은 모두 몇 문장이지? 　　　　　　　　　　　문장

⭐ 한 문장이 끝날 때 쓰는 세 가지 문장 부호 이름을 읽고, 따라 써 봐.

마침표	물음표	느낌표
.	?	!
.	?	!

⭐ 글을 읽고 마침표(.), 물음표(?), 느낌표(!)에 모두 동그라미 해 봐.

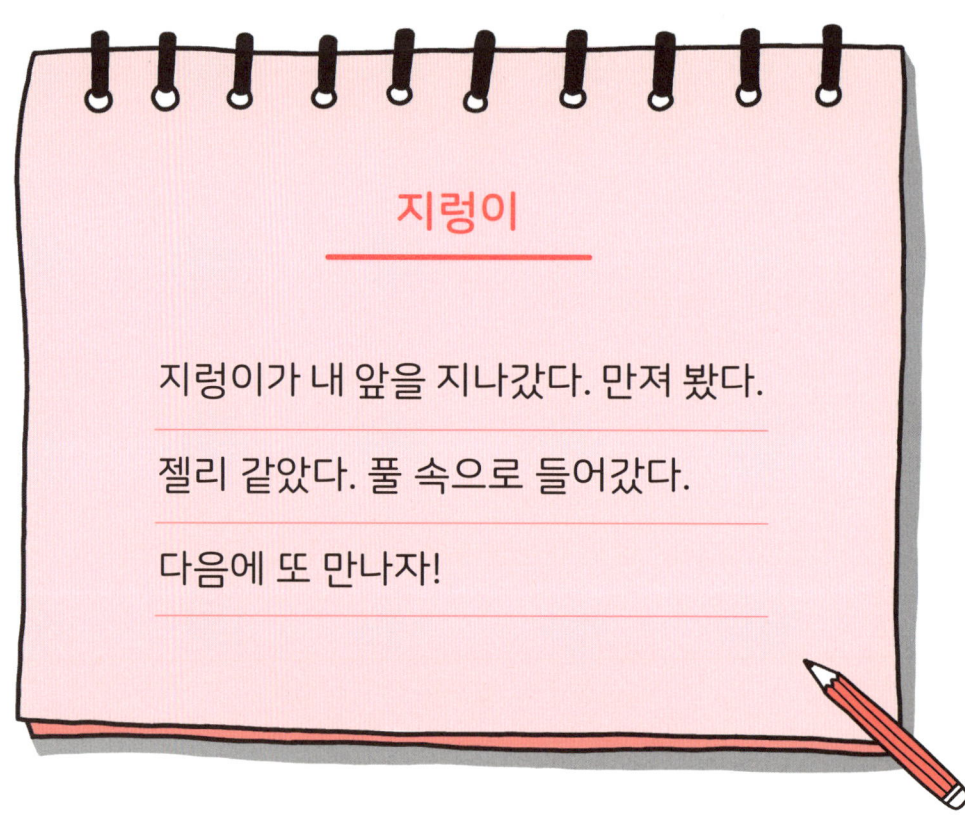

지렁이

지렁이가 내 앞을 지나갔다. 만져 봤다.

젤리 같았다. 풀 속으로 들어갔다.

다음에 또 만나자!

⭐ 이 글은 모두 몇 문장이지?　　　　　　　　☐ 문장

3 문장과 단어를 구분해요

단어가 모여야 문장이 돼. 문장은 어떤 생각이나 마음, 행동을 담고 있어.

★ 별을 밝혀서 멋진 밤하늘을 만들 거야. 별 중에서 문장만 찾아 색칠해 봐.

보기
- 학교를 간다.
- 우리나라
- 거짓말을 했다.
- 오늘 하늘은 왜 어두울까?
- 그림자
- 미소를 지었다.
- 미안해.
- 우리는 친한 사이다.
- 말도 안 돼!
- 거울

맞게 칠했는지 14쪽에서 확인해.

⭐ 앞에서 색칠하지 못한 별들은 단어였어. 단어들도 이제 문장으로 변신했지! 어떻게 달라졌는지 앞 장을 다시 봐. 그리고 문장이 된 별을 모두 색칠해.

★ 이번에는 꽃이 활짝 핀 꽃밭을 만들 거야. 꽃 중에서 문장만 찾아 색칠해 봐.

⭐ 앞에서 색칠하지 못한 꽃들은 단어였어. 단어들도 이제 문장으로 변신했지! 어떻게 달라졌는지 앞 장을 다시 봐. 그리고 문장이 된 꽃을 모두 색칠해.

② 문장의 순서를 알아요

1 두 덩어리 문장을 만들어요

한 문장이 있었어. 그런데 누가 그 문장을 들고 가다가 떨어뜨려서 둘로 쪼개졌대.

말 덩어리가 흩어지니 뜻이 잘 통하지 않아. 순서에 맞게 모아 볼까?

'우리'라는 단어와 '친하다'라는 단어를 순서에 맞게 놓으니, '우리는 친하다.'라는 뜻이 통하는 문장이 되었어.

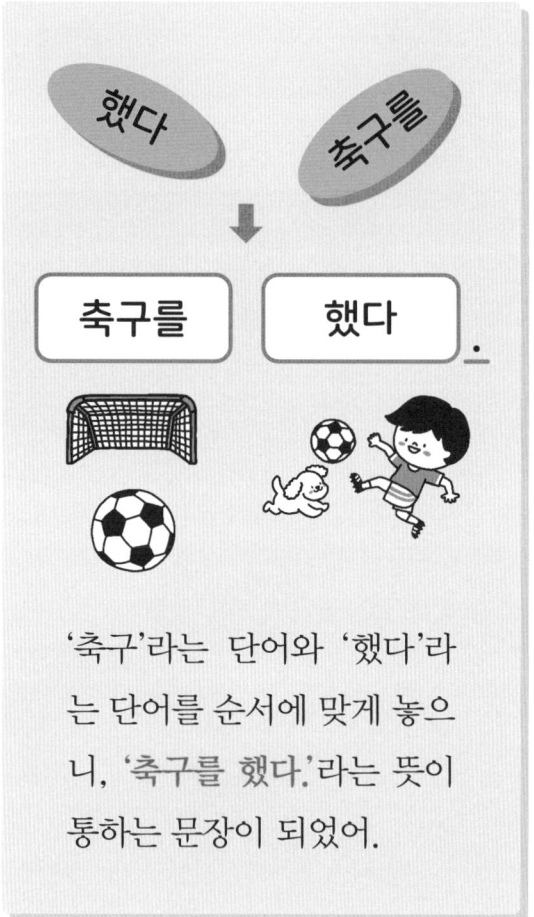

'축구'라는 단어와 '했다'라는 단어를 순서에 맞게 놓으니, '축구를 했다.'라는 뜻이 통하는 문장이 되었어.

'친하다', '했다'처럼 생각, 마음, 행동을 나타내는 단어가 문장의 마지막에 들어가. 이렇게 말 덩어리가 순서대로 모여 뜻을 전할 수 있는 '문장'을 이루지.

⭐ 말 덩어리를 순서에 맞게 써서 뜻을 전할 수 있는 문장으로 만들어. 문장이 끝나면 끝났다는 표시인 마침표도 찍어 줘.

★ 말 덩어리를 순서에 맞게 기차에 써 봐. 뜻을 전할 수 있는 문장이 되면 신나게 출발해.

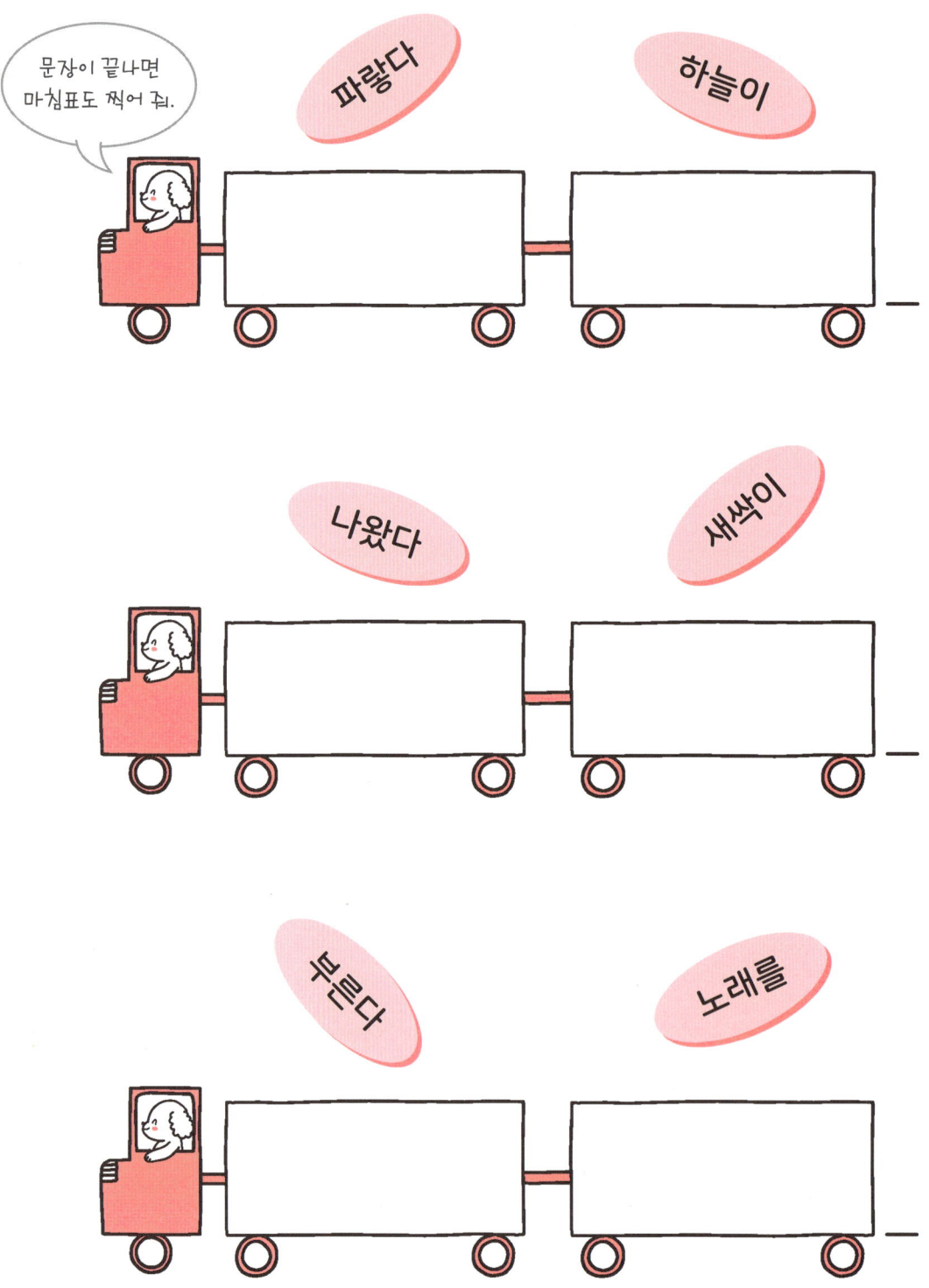

⭐ 말 덩어리가 섞였어! 어떤 것을 순서에 맞게 이으면 좋을까? 두 덩어리씩 골라 문장 3개를 써 봐. 겹치지 않게 모두 한 번만 사용해야 해.

2 세 덩어리 문장을 만들어요

이번에는 세 덩어리 문장을 만들 거야. 말 덩어리가 늘어나면 문장이 자세해져.

물음에 대답을 넣어서 세 덩어리 문장을 만들어 볼까?

말 덩어리가 늘어나니 어때? 앞보다 뒤 문장의 내용이 더 자세해졌지?

⭐ 말 덩어리를 순서에 맞게 써서 뜻을 전할 수 있는 문장으로 만들어. 문장이 끝나면 끝났다는 표시인 마침표도 찍어 줘.

마트에 / 엄마가 / 갔다

많다 / 아이들이 / 공원에

아이스크림이 / 녹는다 / 살살

★ 말 덩어리를 순서에 맞게 기차에 써 봐. 뜻을 전할 수 있는 문장이 되면 신나게 출발해.

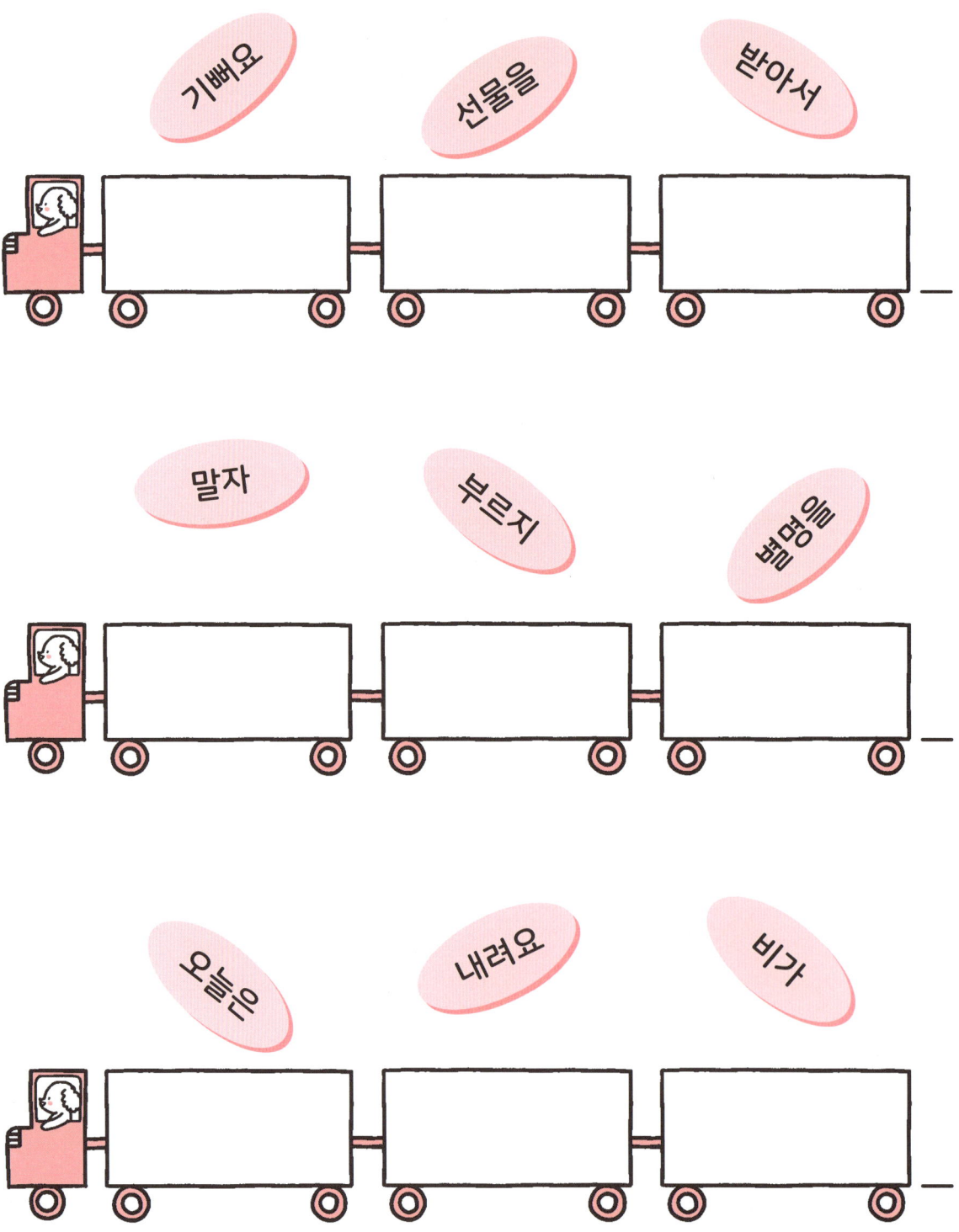

⭐ 말 덩어리를 순서에 맞게 아이스크림에 써 봐. 뜻을 전할 수 있는 문장이 되면 맛있게 먹을 수 있어.

★ 말 덩어리가 섞였어! 어떤 것을 순서에 맞게 이으면 좋을까? 세 덩어리씩 골라 문장 2개를 써 봐. 겹치지 않게 모두 한 번만 사용해야 해.

① ☐ ☐ ☐

② ☐ ☐ ☐

3. 긴 문장의 순서를 알아요

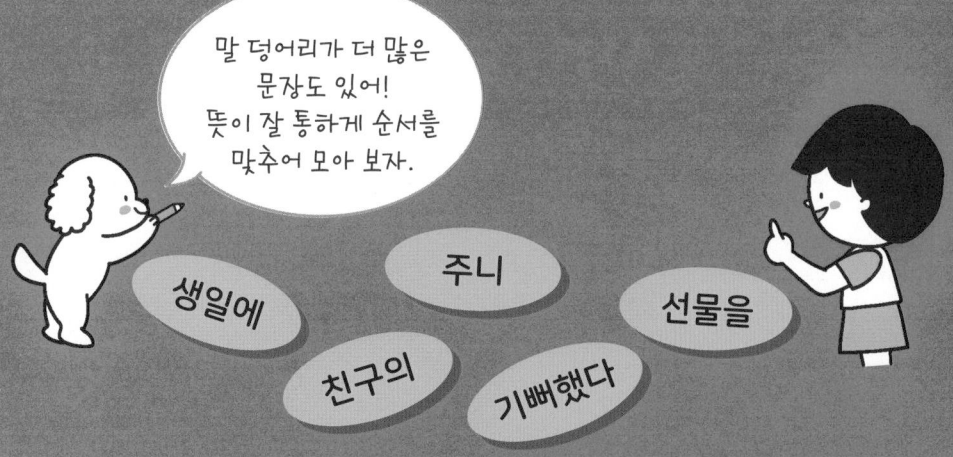

1 네 덩어리 문장을 만들어요

말 덩어리가 더 많이 모인 문장도 있어! 이번에는 네 덩어리 문장을 완성하자.

떨어진 말 덩어리가 흩어져 있어. 순서에 맞게 모이면 뜻이 잘 통하는 문장이 돼. 순서에 맞게 놓아 볼까?

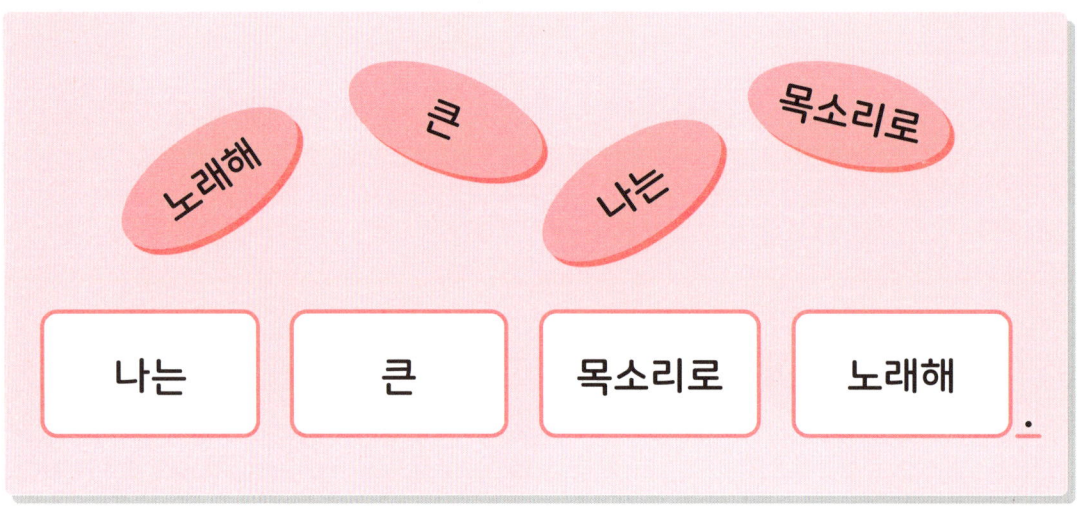

⭐ 말 덩어리를 순서에 맞게 써서 뜻을 전할 수 있는 문장으로 만들어. 문장이 끝나면 끝났다는 표시인 마침표도 찍어 줘.

주문해서 치킨을 맛있게 먹었다

쌌다 우리 똥을 강아지가

책을 뿌듯하다 마음이 읽으면

⭐ 말 덩어리를 순서에 맞게 화장지에 써 봐. 뜻을 전할 수 있는 문장이 되면 뜯어 쓸 수 있어.

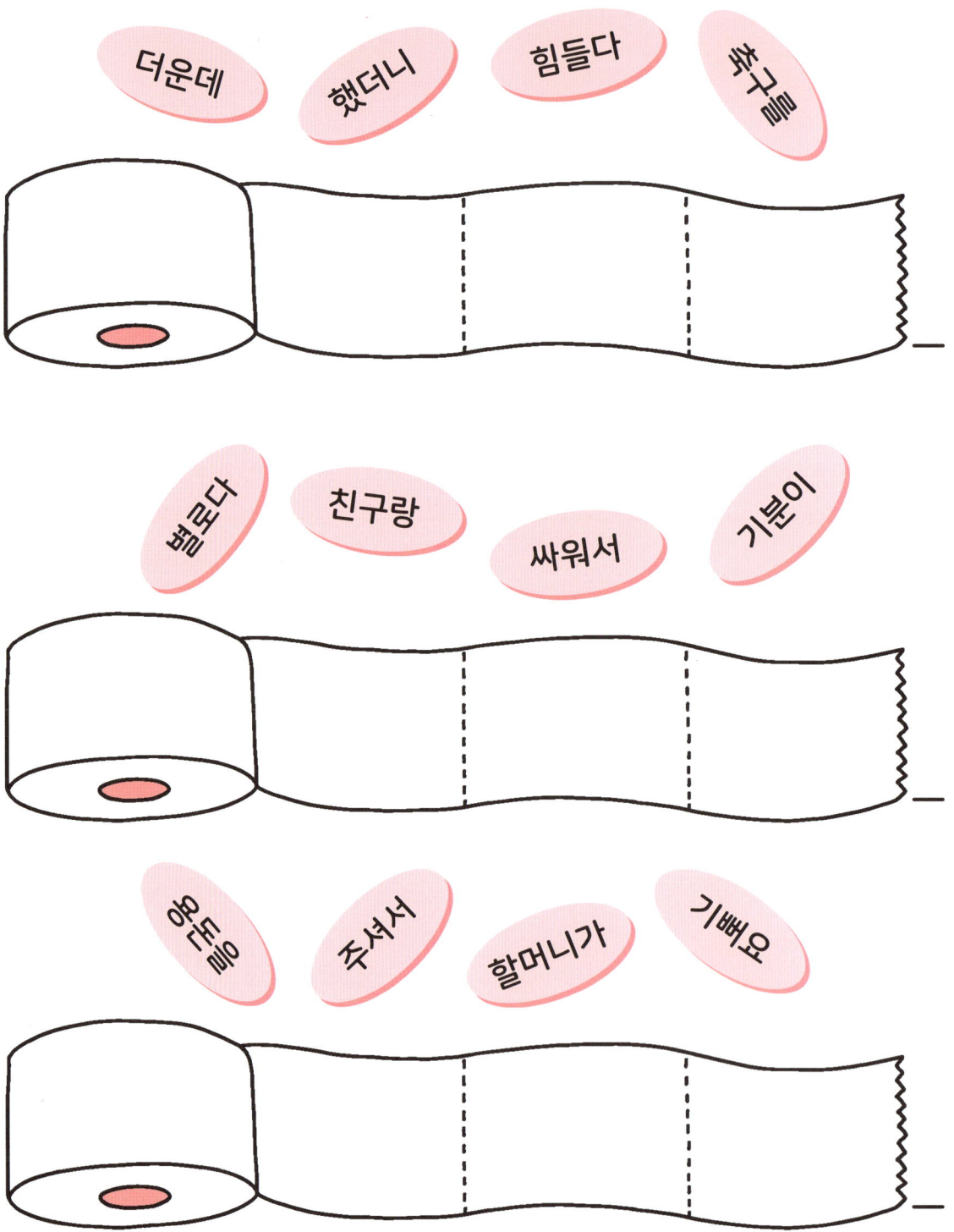

★ 말 덩어리가 섞였어! 어떤 것을 순서에 맞게 이으면 좋을까? 네 덩어리씩 골라 문장 2개를 써 봐. 겹치지 않게 모두 한 번만 사용해야 해.

①
②

2 다섯 덩어리 문장을 만들어요

이제 다섯 덩어리 문장까지 만들어 봐. 문장이 점점 길고 자세해지는 게 느껴지지?

말 덩어리가 하나 더 많아졌어. 순서에 맞게 모아서 한 문장을 만들어 볼까?

⭐ 말 덩어리를 순서에 맞게 써서 뜻을 전할 수 있는 문장으로 만들어. 문장이 끝나면 끝났다는 표시인 마침표도 찍어 줘.

붙어서 / 라면은 / 맛있다 / 훌훌 / 먹어야

비가 / 부침개를 / 주룩주룩 / 먹어야지 / 내리면

⭐ 말 덩어리를 순서에 맞게 구슬에 써 봐. 뜻을 전할 수 있는 문장이 되면 예쁜 목걸이가 돼.

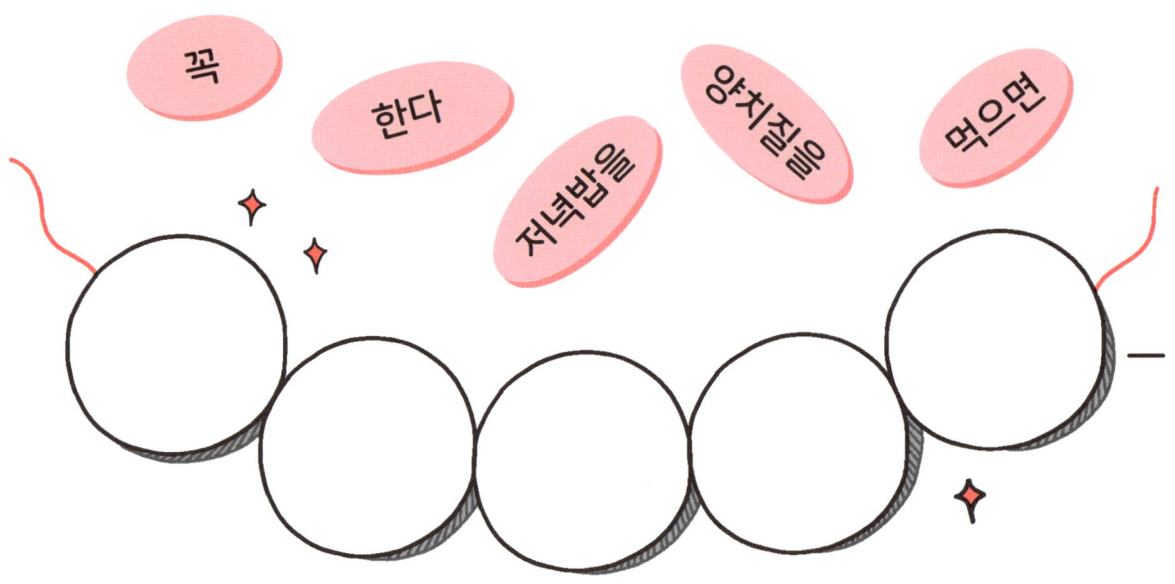

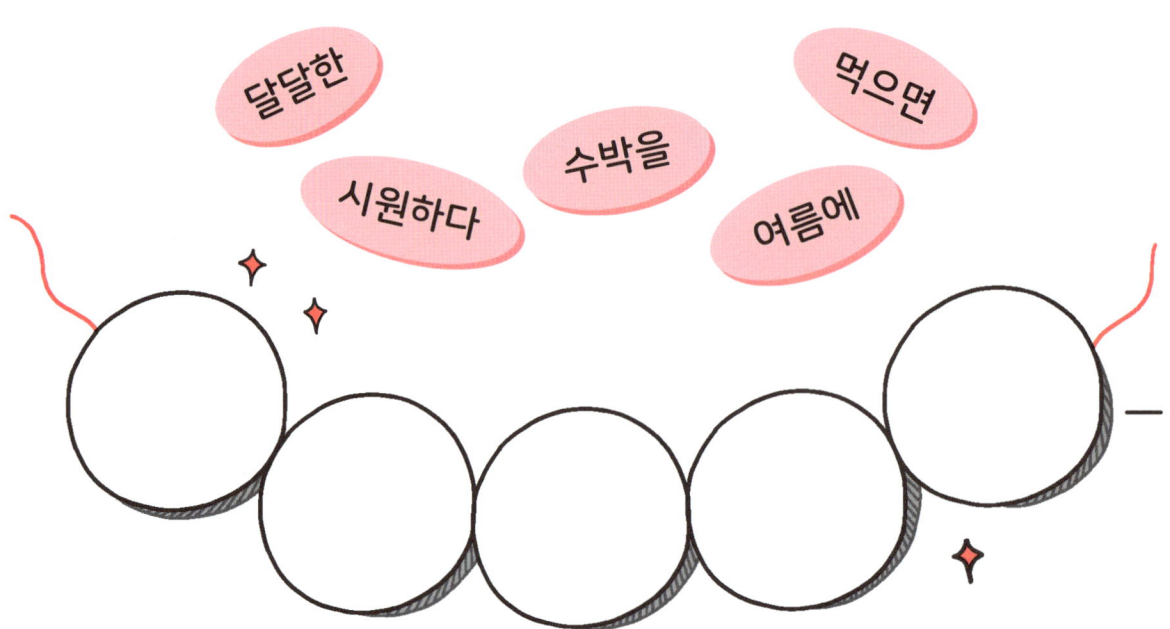

⭐ 말 덩어리를 순서에 맞게 애벌레 몸에 써 봐. 뜻을 전할 수 있는 문장이 되면 힘차게 기어가.

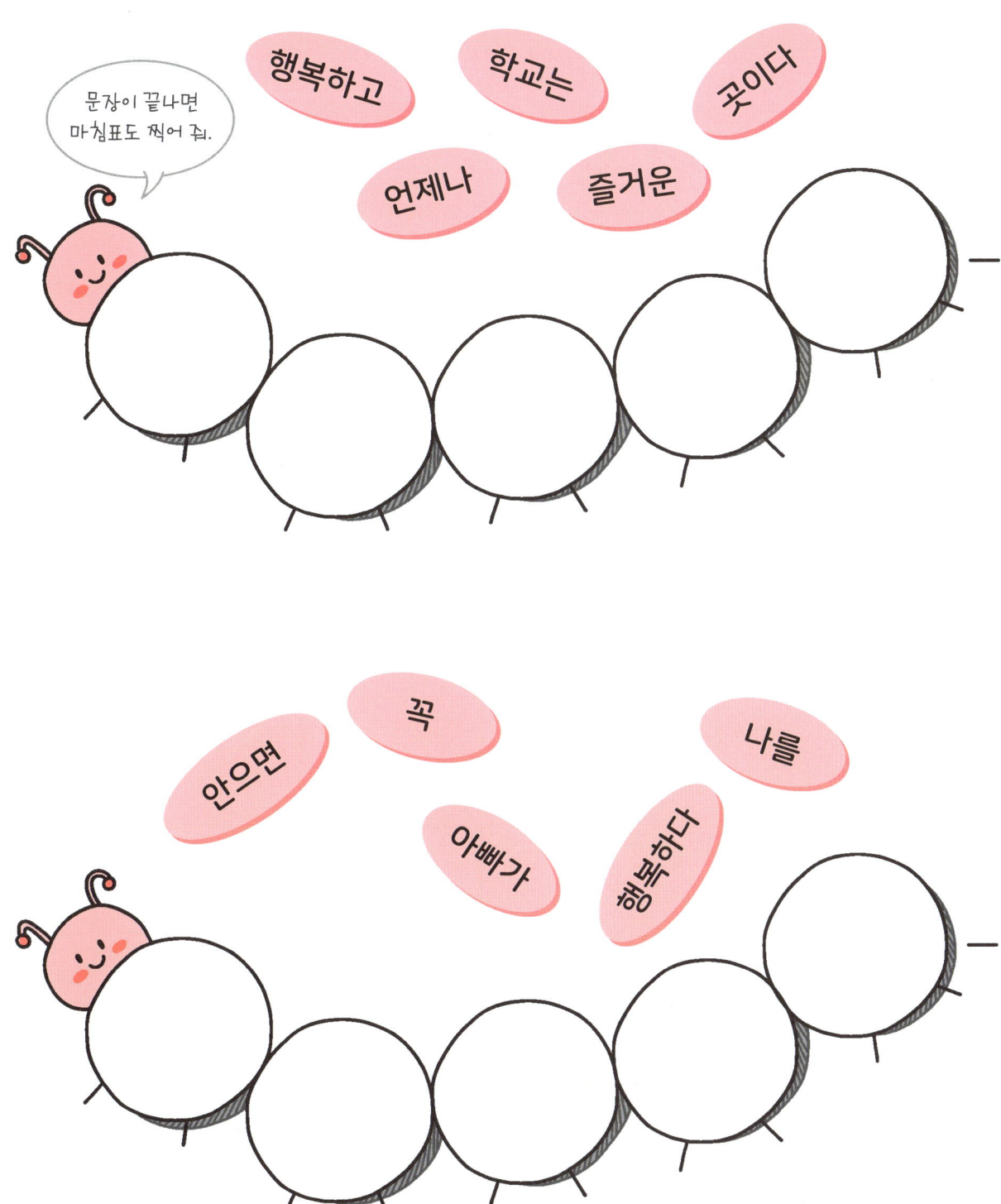

★ 말 덩어리가 섞였어! 어떤 것을 순서에 맞게 이으면 좋을까? 다섯 덩어리씩 골라 문장 2개를 써 봐. 겹치지 않게 모두 한 번만 사용해야 해.

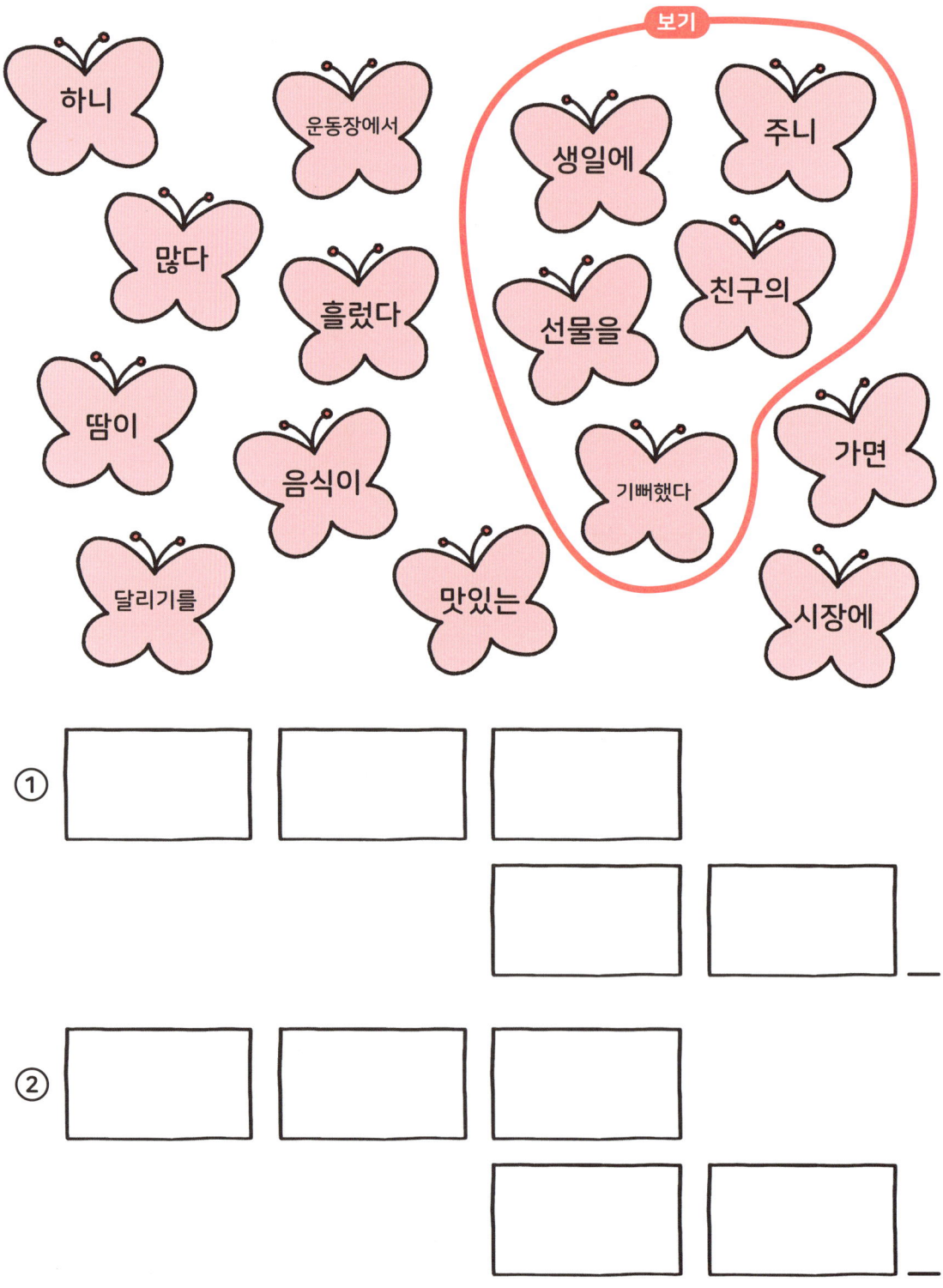

4 문장의 뒤를 완성해요

앞에 나온 단어를 보면
뭐가 딱 떠올라?
떠오른 것을 이제 스스로
한 문장으로 써 봐.

강아지는 _____.

1 '누가'를 넣어서 써요

여기 '누가'로 시작하는 문장이 있는데, 종이 뒤가 찢어져서 사라졌어. 첫 단어 '누구'를 보면 뭐가 딱 생각나? 그것을 한 문장으로 써 봐.

선생님을 따라 해 봐. 첫 단어를 보고 딱 떠오른 경험과 생각을 이렇게 이어 썼어.

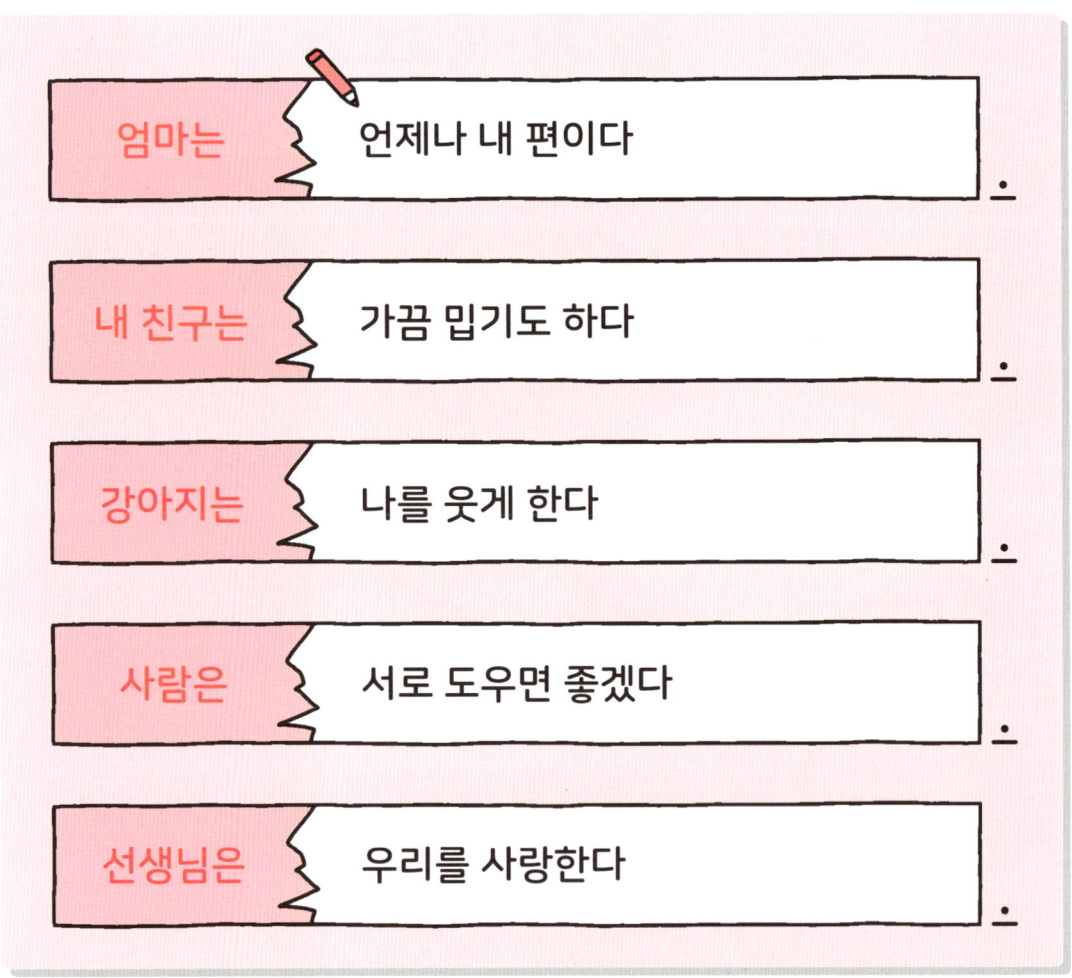

- 엄마는 언제나 내 편이다.
- 내 친구는 가끔 밉기도 하다.
- 강아지는 나를 웃게 한다.
- 사람은 서로 도우면 좋겠다.
- 선생님은 우리를 사랑한다.

그냥 문장만 만드는 게 아니라 첫 단어를 보고 떠오른 **네가 진짜 경험한 일, 생각한 것을 쓰는 거야. 그래야 재미있고 생생한 '글쓰기'가 돼.**

⭐ 이제 네가 해 봐. 첫 단어를 보고 딱 떠오르는 너의 진짜 경험이나 생각을 써서 문장을 완성해.

엄마는

내 친구는

강아지는

사람은

선생님은

2 '언제'를 넣어서 써요

하루 중 아래의 '언제'를 떠올려 봐. 사라진 곳을 채워서 스스로 한 문장을 완성해 볼까?

선생님을 따라 해 봐. 첫 단어를 보고 딱 떠오른 경험과 생각을 이렇게 이어 썼어.

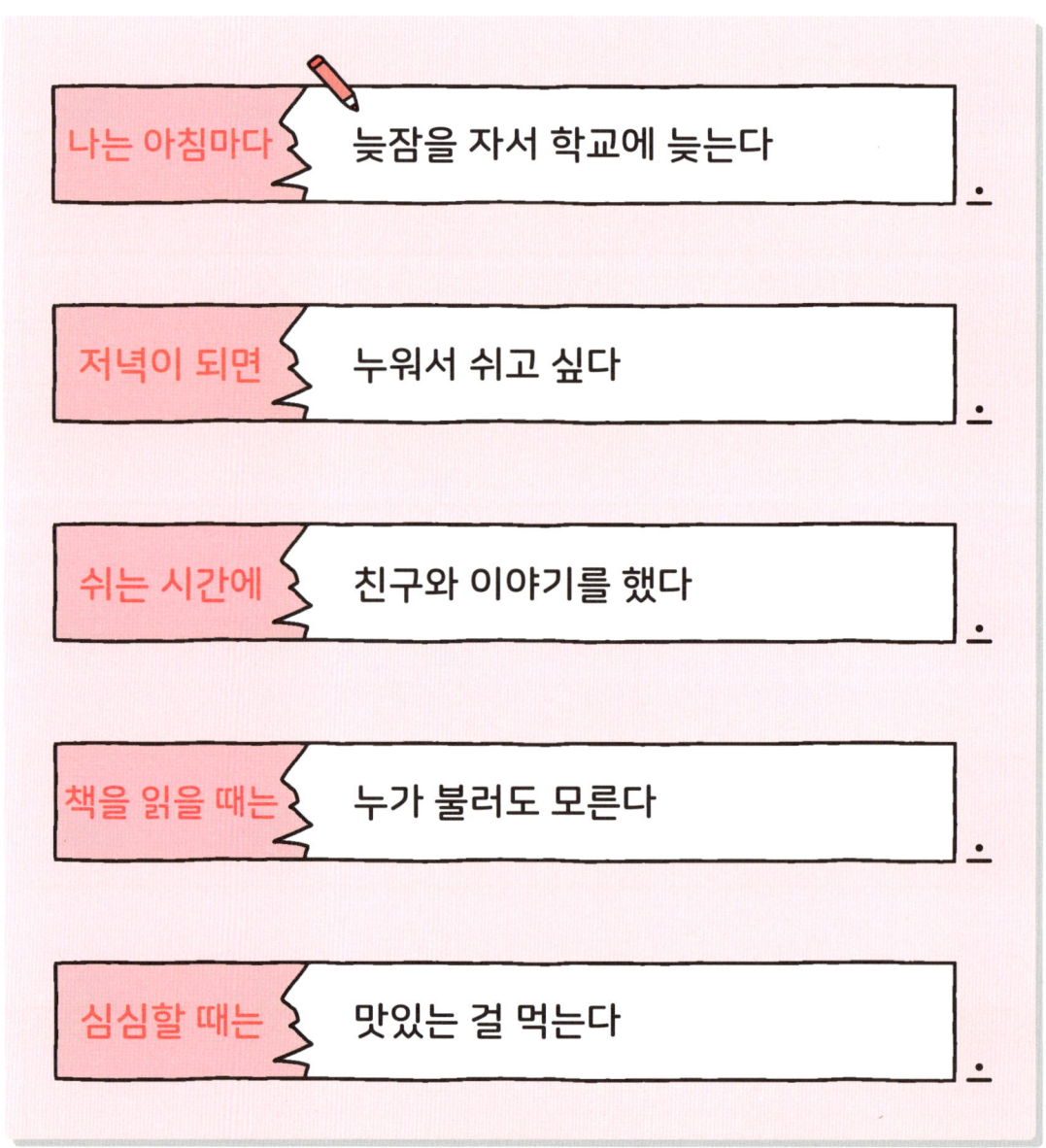

나는 아침마다 늦잠을 자서 학교에 늦는다.

저녁이 되면 누워서 쉬고 싶다.

쉬는 시간에 친구와 이야기를 했다.

책을 읽을 때는 누가 불러도 모른다.

심심할 때는 맛있는 걸 먹는다.

⭐ 이제 네가 해 봐. 첫 단어를 보고 딱 떠오르는 너의 진짜 경험이나 생각을 써서 문장을 완성해.

언제

나는 아침마다 _____

저녁이 되면 _____

쉬는 시간에 _____

책을 읽을 때는 _____

심심할 때는 _____

3 '어디'를 넣어서 써요

네가 있었던 '어디'를 떠올려 봐. 사라진 곳을 채워서 스스로 한 문장을 완성해 볼까?

선생님을 따라 해 봐. 첫 단어를 보고 딱 떠오른 경험과 생각을 이렇게 이어 썼어.

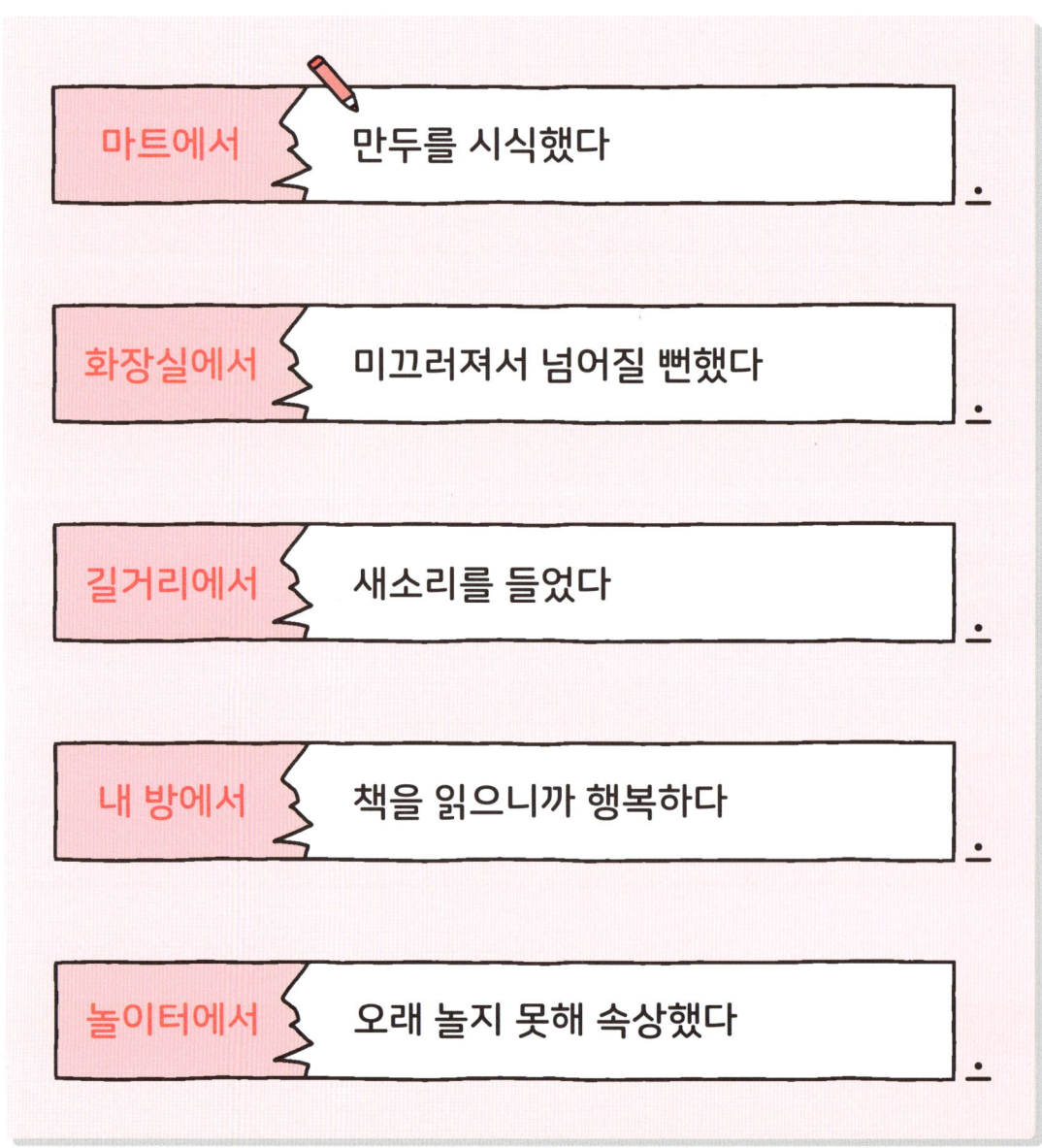

마트에서 만두를 시식했다.

화장실에서 미끄러져서 넘어질 뻔했다.

길거리에서 새소리를 들었다.

내 방에서 책을 읽으니까 행복하다.

놀이터에서 오래 놀지 못해 속상했다.

⭐ 이제 네가 해 봐. 첫 단어를 보고 딱 떠오르는 너의 진짜 경험이나 생각을 써서 문장을 완성해.

어디

마트에서 _____

화장실에서 _____

길거리에서 _____

내 방에서 _____

놀이터에서 _____

4. '무엇'을 넣어서 써요

너는 아래의 '무엇'을 어떻게 생각해? 사라진 곳을 채워서 한 문장을 완성해 볼까?

선생님을 따라 해 봐. 첫 단어를 보고 딱 떠오른 경험과 생각을 이렇게 이어 썼어.

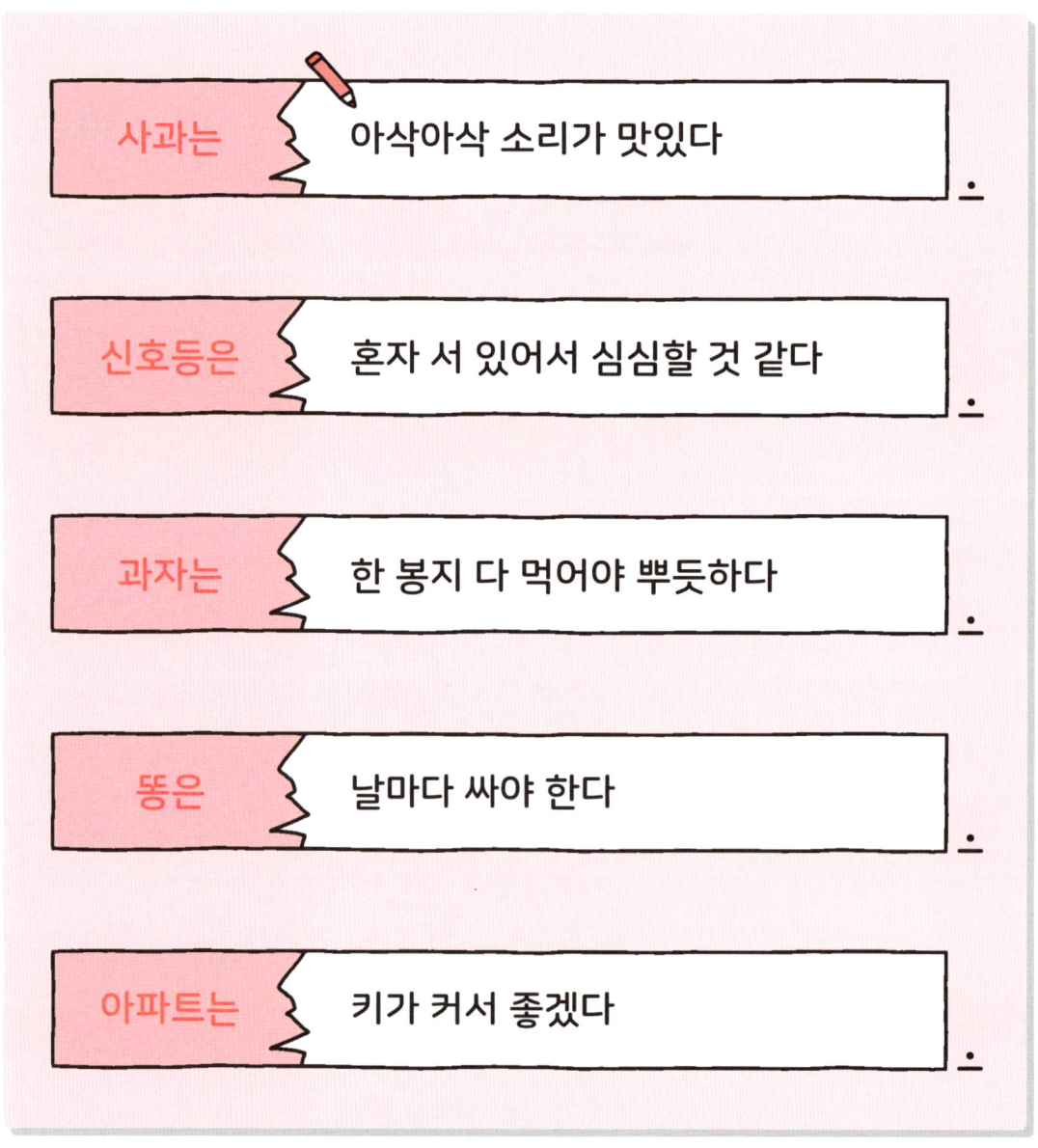

- 사과는 아삭아삭 소리가 맛있다.
- 신호등은 혼자 서 있어서 심심할 것 같다.
- 과자는 한 봉지 다 먹어야 뿌듯하다.
- 똥은 날마다 싸야 한다.
- 아파트는 키가 커서 좋겠다.

⭐ 이제 네가 해 봐. 첫 단어를 보고 딱 떠오르는 너의 진짜 경험이나 생각을 써서 문장을 완성해.

사과는

신호등은

과자는

똥은

아파트는

5 '물음표'를 넣어서 써요

지금까지는 문장 뒤에 마침표만 붙였지? 이제 '물음표(?)'를 붙여 보자. 물음표는 궁금하거나 물어보고 싶은 말, 잘 모르겠는 것을 표현하는 문장 뒤에 붙일 수 있어.

첫 단어를 보고 딱 떠오른 물어보고 싶은 말이나 잘 모르겠는 것을 이렇게 이어 썼어. 문장이 끝나면 물음표(?)를 꼭 붙여 줘.

지구가	없어지면 어떻게 하지 ?
할머니는	나를 왜 강아지라고 부를까 ?
글쓰기는	왜 해야 할까 ?
마음이	슬픈 날은 울어도 될까 ?
일요일은	왜 일주일에 한 번일까 ?

⭐ 이제 네가 해 봐. 첫 단어를 보고 딱 떠오르는 물어보고 싶은 말이나 잘 모르겠는 것을 써서 문장을 완성해. 문장이 끝나면 물음표(?)를 꼭 붙여 줘.

물음표

지구가 _____

할머니는 _____

글쓰기는 _____

마음이 _____

일요일은 _____

6 '느낌표'를 넣어서 써요

느낌표(!)가 들어가는 문장도 써 보자. 느낌표는 놀라거나 감탄한 일, 강하게 표현하는 문장 뒤에 붙일 수 있어.

첫 단어를 보고 딱 떠오른 놀라거나 감탄한 일, 강하게 표현하고 싶은 말을 이렇게 이어 썼어. 문장이 끝나면 느낌표(!)를 꼭 붙여 줘.

세상은	정말 아름다워 !
공부는	진짜 싫어 !
바다가	정말 푸르구나 !
정말로	이번 주에 여행을 가다니 !
어머,	첫눈이 오네 !

★ 이제 네가 해 봐. 첫 단어를 보고 네가 진짜 놀라거나 감탄한 일, 강하게 표현하고 싶은 말을 써서 문장을 완성해. 다 쓰고 나면 느낌표(!)를 꼭 붙여 줘.

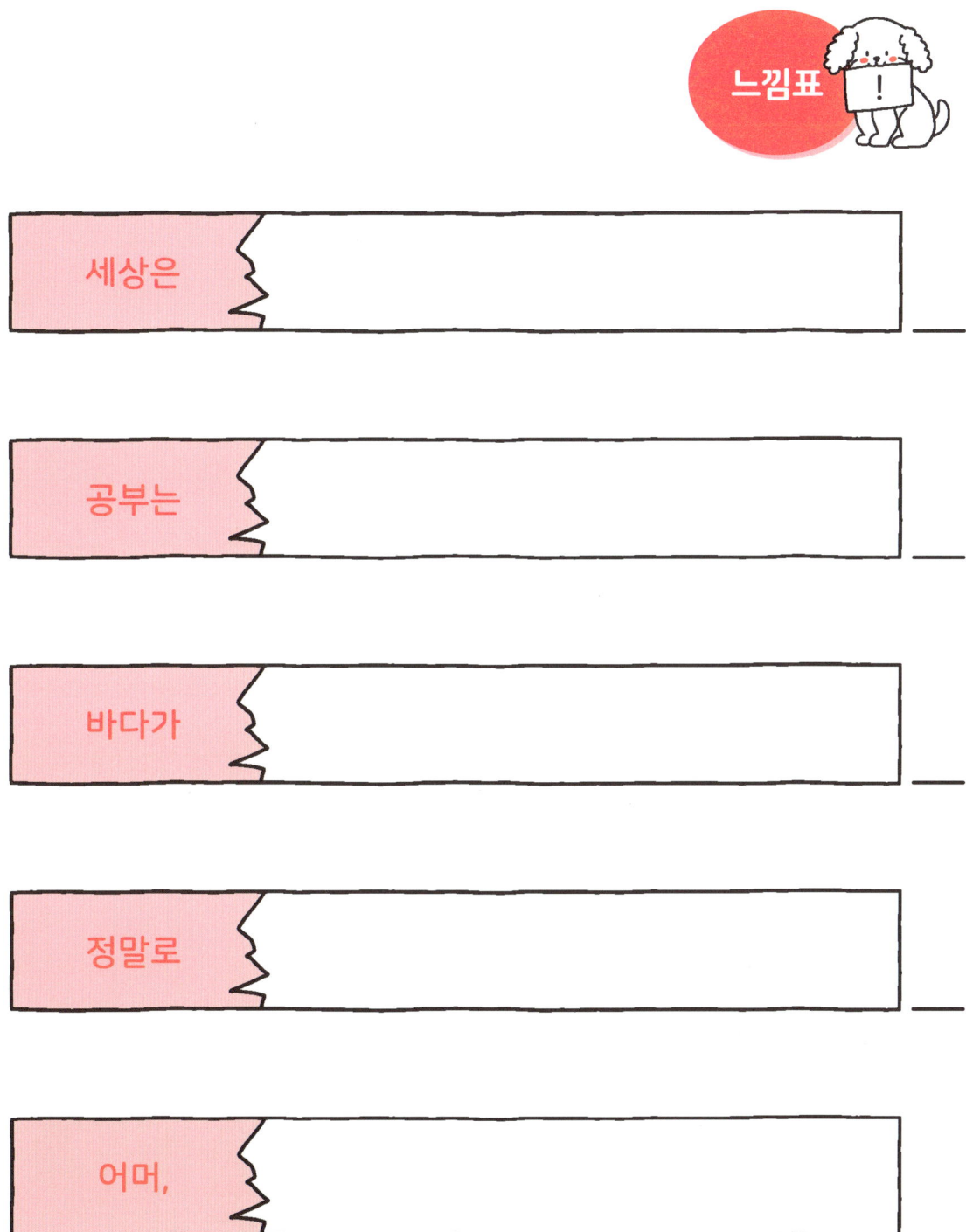

세상은

공부는

바다가

정말로

어머,

★ 문장의 사라진 곳을 너의 진짜 경험이나 생각으로 채워 봐. 쓴 문장에 맞게 마침표(.), 물음표(?), 느낌표(!)도 붙여 줘.

도서관에서

어제 낮에

동생이

강아지가

세상에,

벌써 문장을 이렇게나 많이 썼네! 대단해!

5
문장의 앞을 완성해요

1 '움직말(동사)'을 넣어서 써요

'먹다', '뛰다', '울다'처럼 무언가 움직이는 모양을 표현한 단어를 '동사'라고 해. 움직이는 모양을 뜻하니까 '움직말'로 부르면 알기 쉽겠지?

선생님을 따라 해 봐. 뒤에 단어를 보고 딱 떠오른 경험과 생각을 앞에 이렇게 썼어.

오늘 급식을 맛있게	먹었다.
하늘이 깜깜해질 때까지	놀았다.
신호가 바뀔까 봐 열심히	뛰었다.
언니 옷을 몰래	입었다.
만화를 보다가 배꼽이 빠지도록	웃었다.

그냥 문장만 만드는 게 아니라 뒤에 단어를 보고 떠오른 **네가 진짜 경험한 일, 생각한 것을 쓰는 거야.** 그래야 지루하지 않고 의미 있는 '글쓰기'가 돼.

⭐ 이제 네가 해 봐. 뒤에 단어를 보고 딱 떠오르는 너의 진짜 경험이나 생각을 써서 문장을 완성해.

움직말 (동사)

| | 먹었다 . |

| | 놀았다 . |

| | 뛰었다 . |

| | 입었다 . |

| | 웃었다 . |

'동사'는 움직이는 모양을 나타내는 말이야. '움직말'이라고 해 보자. 표에서 너의 진짜 경험과 생각이 딱 떠오르는 움직말에 모두 동그라미 해 봐.

움직말(동사)

먹었다	뱉었다	울었다	웃었다
걸었다	뛰었다	잤다	깼다
일어났다	앉았다	떠났다	돌아왔다
열었다	닫았다	놀았다	쉬었다
입었다	벗었다	날았다	떨어졌다
닦았다	쓸었다	갔다	왔다
들었다	말했다	장난쳤다	멈추었다
만났다	(헤어졌다)	시작했다	끝냈다

⭐ 표에서 너의 경험과 생각이 잘 떠오르는 움직말을 골라 뒤 칸에 하나씩 써. 그리고 앞을 채워 문장을 완성해.

보기

출장 가는 아빠하고 — 헤어졌다.

2 '그림말(형용사)'을 넣어서 써요

'예쁘다', '크다', '차갑다'처럼 무언가의 상태나 성질을 그림 그리듯 표현한 단어를 '형용사'라고 해. 그림 그리듯 나타내니까 '그림말'이라고 해 보자.

선생님을 따라 해 봐. 뒤에 단어를 보고 딱 떠오른 경험과 생각을 앞에 이렇게 썼어.

우리 집은 언제나	깨끗하다
나를 때리는 동생은	나쁘다
겨울에 옷을 많이 입으니까	불편하다
달리기를 하고 나니	배고프다
엄마가 귀고리를 하면	예쁘다

⭐ 이제 네가 해 봐. 뒤에 단어를 보고 딱 떠오르는 너의 진짜 경험이나 생각을 써서 문장을 완성해.

그림말 (형용사)

| | 깨끗하다 |

| | 나쁘다 |

| | 불편하다 |

| | 배고프다 |

| | 예쁘다 |

'형용사'는 상태나 성질을 그림 그리듯이 나타내는 말이야. '그림말'이라고 해 보자. 표에서 너의 진짜 경험과 생각이 딱 떠오르는 그림말에 모두 동그라미 해 봐.

그림말(형용사)

강하다	약하다	조용하다	시끄럽다
무겁다	가볍다	크다	작다
아름답다	밉다	물렁하다	딱딱하다
같다	다르다	빠르다	느리다
안전하다	위험하다	밝다	어둡다
(두껍다)	얇다	맛있다	맛없다
많다	적다	슬프다	기쁘다
편안하다	불편하다	뜨겁다	차갑다

★ 표에서 너의 경험과 생각이 잘 떠오르는 그림말을 골라 뒤 칸에 하나씩 써. 그리고 앞을 채워 문장을 완성해.

보기

형이 읽는 책은 / 두껍다.

★ 공원에 아이들과 강아지, 나무도 있네! 이번에는 이 그림을 보고 문장을 만들어 봐. 하나는 움직말을 넣어서 쓰고, 다른 하나는 그림말을 넣어서 써.

• 움직말을 넣은 문장

• 그림말을 넣은 문장

6
한 단어를 골라 문장을 써요 1

이름말 감정말

다양한 이름말과 감정말을 넣어 문장을 써. 네 이야기를 더 자유롭게 표현할 수 있어.

1 '이름말(명사)'을 넣어서 써요

'선생님', '친구', '우산'처럼 어떤 사람이나 사물을 부르는 이름인 단어를 '명사'라고 해. 이름을 나타내니까 '이름말'이라고 부르면 쉽겠지?

'명사'는 사람이나 사물의 이름을 나타내는 말이야. '이름말'이라고 해 보자. 표에서 너의 진짜 경험과 생각이 딱 떠오르는 이름말에 모두 동그라미 해 봐.

이름말(명사)

선생님	유치원	소나기	우산	문구점	책
휴대폰	(무지개)	공부	바다	고기	축구
영어	(햄버거)	사랑	생일	동네	유튜브
이름	포켓몬	청소	여름	돈	사람
저녁	선물	신호등	시장	친구	글쓰기
마음	부모님	감기	생각	동생	(거짓말)

★ 표에서 너의 경험과 생각이 잘 떠오르는 이름말을 골라 앞 칸에 하나씩 써. 그리고 이 이름말을 넣어 문장을 완성해.

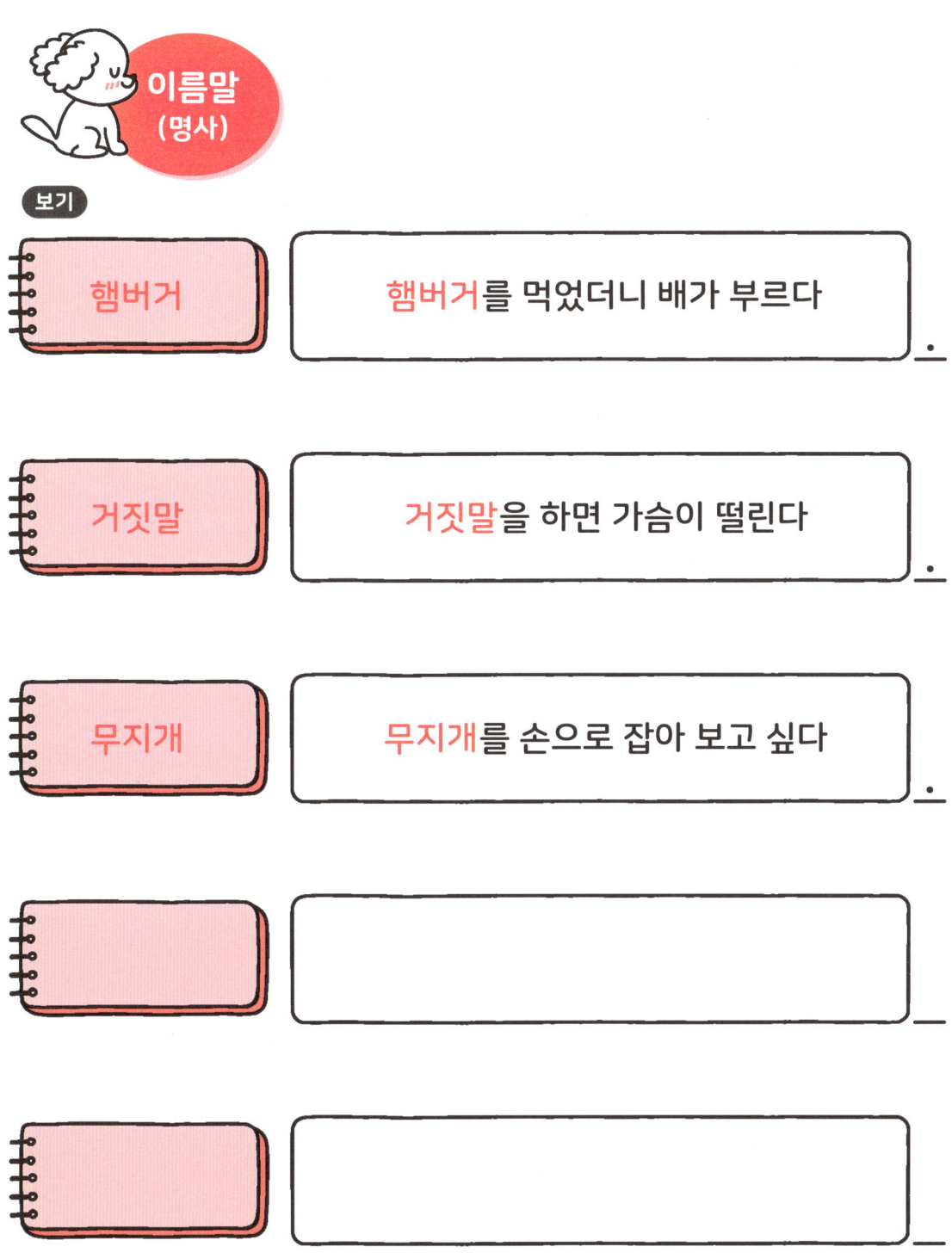

이름말 (명사)

보기

햄버거	햄버거를 먹었더니 배가 부르다.
거짓말	거짓말을 하면 가슴이 떨린다.
무지개	무지개를 손으로 잡아 보고 싶다.

★ 62쪽 표에서 너의 경험과 생각이 잘 떠오르는 이름말을 더 골라 앞 칸에 써. 그리고 이 이름말을 넣어 문장을 완성해. 오래 고민하지 않고 바로 써야 쉬워.

이름말 (명사)

★ 한 번 더 연습해. 너의 경험과 생각이 잘 떠오르는 이름말을 골라 물고기에 써. 그리고 이 이름말을 넣은 문장은 어항에 써 봐.

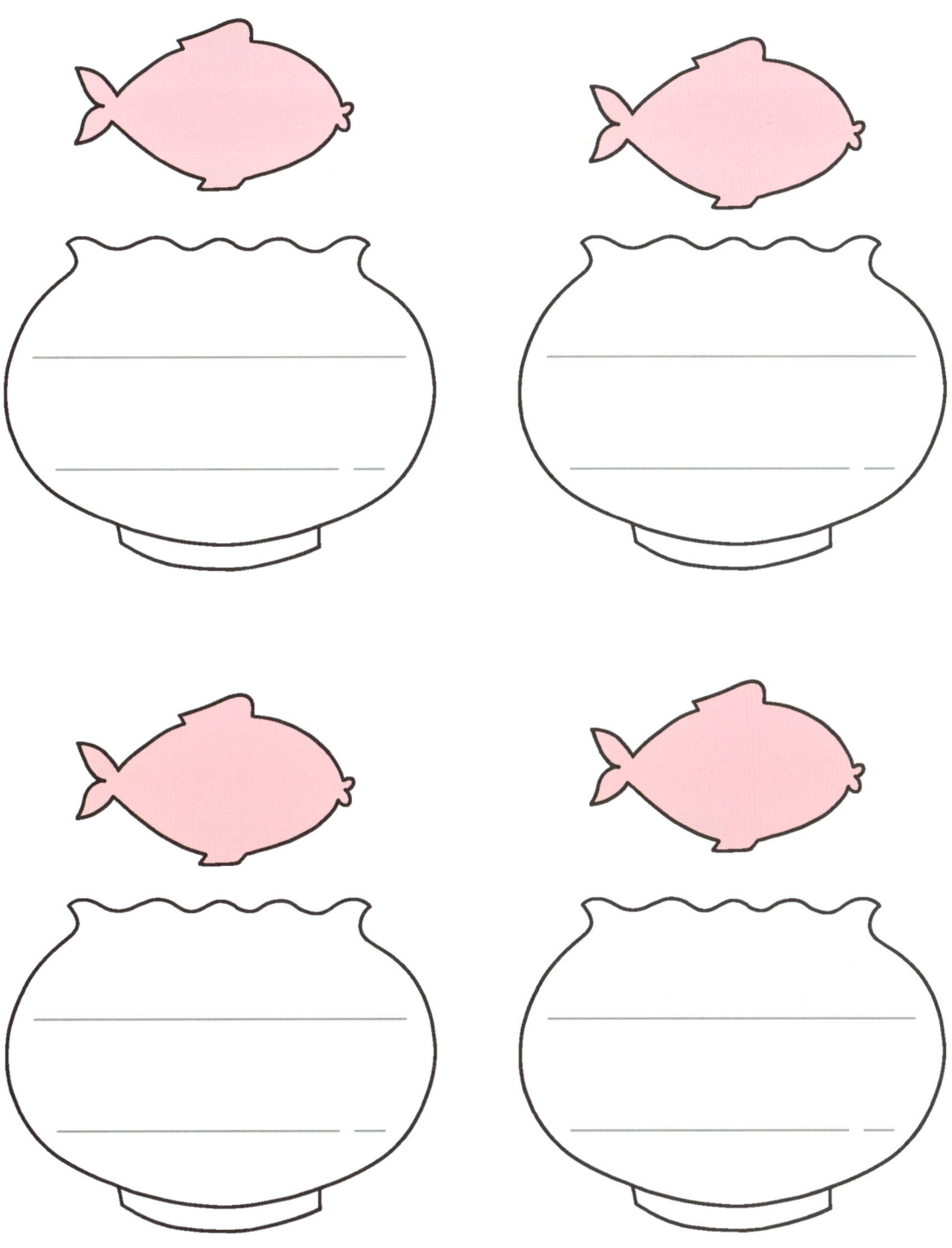

2 '감정말'을 넣어서 써요

사람은 매일 감정을 느껴. 또 하루에도 수십 번씩 감정이 바뀌지. 이런 감정을 나타내는 말들을 '감정말'이라고 해 보자. 감정말을 쓰면 솔직한 마음을 잘 표현할 수 있어.

표에서 네가 진짜 느껴 본 적 있는 감정말에 모두 동그라미 해 봐.

감정말

설렌다	기쁘다	행복하다	간절하다	즐겁다	기대된다
자랑스럽다	뿌듯하다	수줍다	짜릿하다	감동적이다	평온하다
신난다	든든하다	흥미롭다	고맙다	부럽다	후련하다
외롭다	놀라다	슬프다	두렵다	무섭다	쑥스럽다
떨린다	서럽다	실망스럽다	짜증 난다	불안하다	답답하다
그립다	밉다	속상하다	괴롭다	후회스럽다	우울하다

⭐ 표에서 네가 느껴 본 감정말을 골라 앞 칸에 하나씩 써. 그리고 이 감정말을 넣어 문장을 완성해.

감정말

보기

설렌다	주말에 여행을 가서 설렌다.
행복하다	하루 종일 놀아서 행복하다.
답답하다	문제가 안 풀려서 답답하다.

⭐ 66쪽 표에서 너의 경험과 마음이 잘 떠오르는 감정말을 더 골라 앞 칸에 써. 그리고 이 감정말을 넣어 문장을 완성해. 언제, 왜 그런 감정을 느꼈니?

감정말

⭐ 한 번 더 연습해. 친구들의 표정에 어울리는 감정말을 빈칸에 써. 66쪽 표를 보고 여러 개를 써도 돼.

⭐ 위에 쓴 감정말 중 네가 진짜 느껴 본 하나를 골라 앞 칸에 써. 그리고 이 감정말을 넣어 문장을 완성해.

⭐ 이번에는 표를 보지 않고 스스로 이름말(명사)과 감정말을 사과에 써 봐. 물건이나 사람을 가리키는 이름인 이름말(명사) 3개, 마음을 나타내는 감정말 3개를 쓰면 돼.

7. 한 단어를 골라 문장을 써요 2

다양한 날씨말과 음식말을 넣어 문장을 써. 네 이야기를 더 자유롭게 표현할 수 있어.

날씨말   음식말

1 '날씨말'을 넣어서 써요

날씨는 사람에게 큰 영향을 줘. 추우면 옷을 두껍게 입고, 비가 오면 우산을 쓰잖아. 이처럼 네 생활과 가까운 다양한 날씨와 관련된 말들을 '날씨말'이라고 해 보자.

표에서 너의 진짜 경험과 생각이 딱 떠오르는 날씨말에 모두 동그라미 해 봐.

날씨말

구름	비	소나기	해님	달	별
먹구름	뭉게구름	햇살	눈	함박눈	무지개
미세 먼지	강풍	단비	폭풍	안개	이슬비
어둡다	흐리다	맑다	화창하다	얼음	꽁꽁
천둥	습하다	건조하다	온도	우중충하다	땀
춥다	덥다	무덥다	쌀쌀하다	후덥지근하다	따뜻하다

72

⭐ 표에서 너의 경험과 생각이 잘 떠오르는 날씨말을 골라 앞 칸에 하나씩 써. 그리고 이 날씨말을 넣어 문장을 완성해.

보기

구름이 하늘을 조금씩 기어간다.

비가 내리니 쌀쌀하다.

해님이 나타났다 사라졌다 한다.

★ 72쪽 표에서 너의 경험이 잘 떠오르는 날씨말을 더 골라 앞 칸에 써. 그리고 이 날씨말을 넣어 문장을 완성해. 요즘 날씨가 어땠는지 본 대로 느낀 대로 써 봐.

날씨말

⭐ 한 번 더 연습해. 날씨말을 메모지에 하나씩 써. 그리고 이 날씨말을 넣은 문장은 텔레비전에 써 봐. 뉴스에서 날씨를 알려 주는 기상 캐스터가 말하듯이 써 보렴.

보기: 햇살

오늘은 **햇살**이 좋으니 나들이를 해 보세요.

2 '음식말'을 넣어서 써요

우리는 매일 음식을 먹고, 먹으면서 여러 가지 기분을 느껴. '맛있는 음식', '맛없는 음식' 말고도 음식이나 맛을 표현하는 다양한 단어가 있지. 이런 단어들을 '음식말'이라고 해 보자.

표에서 네가 진짜 느껴 본 적 있는 음식말에 모두 동그라미 해 봐.

음식말

맵다	짜다	달다	쓰다	설익다	바삭하다
(짭짤하다)	상큼하다	시다	달콤하다	(물컹하다)	눅눅하다
촉촉하다	밍밍하다	시원하다	담백하다	시큼하다	씁쓸하다
싱겁다	뜨겁다	쫄깃하다	질기다	짭조름하다	상하다
강하다	살살 녹는다	고소하다	비리다	말랑하다	달달하다
매콤하다	느끼하다	떫다	순하다	딱딱하다	(새콤달콤하다)

⭐ 표에서 네가 느껴 본 음식말을 골라 앞 칸에 하나씩 써. 그리고 이 음식말을 넣어 문장을 완성해.

보기

물컹하다	계란프라이가 덜 익어서 물컹하다.
짭짤하다	치킨 껍데기가 짭짤하다.
새콤달콤하다	곰 젤리가 새콤달콤하다.

★ 76쪽 표에서 네가 느껴 본 음식말을 더 골라 앞 칸에 써. 그리고 이 음식말을 넣어 문장을 완성해. 요즘 먹은 음식, 먹었던 순간을 떠올려 봐.

음식말

★ 이번에는 보기 처럼 좋아하는 음식과 싫어하는 음식을 써 봐. 그릇에는 음식 이름을 쓰고, 이 음식 이름을 넣은 문장은 식탁보에 쓰면 돼.

⭐ 이번에는 표를 보지 않고 스스로 날씨말과 음식말을 포도에 써 봐. 날씨를 나타내는 날씨말 3개, 음식의 맛을 표현하는 음식말 3개를 쓰면 돼.

8

여러 단어를 골라 문장을 써요

1 두 단어를 넣어서 써요

지금까지는 단어 1개를 골라 문장을 썼어. 이제 글감 표에서 단어 2개를 골라 한 문장을 써 볼 거야. '글감'은 여러 가지 글을 쓸 수 있는 재료를 말하지.

표에 다양한 글감이 있어. 너의 진짜 경험과 생각이 딱 떠오르는 단어를 골라 봐. 이번에는 함께 말하고 싶은 단어 2개씩을 짝지어 줘.

글감

하늘	우정	아빠	일등	나무	태권도장
학교	시합	케이크	동네	여행	집
일기	마트	토요일	결혼	청소	미소
문제	느낌	거짓말	땀	고생	스트레스
밥	시험	공부	할머니	오이	주방
농담	당근	엄마	연습	공원	노력

82

⭐ 표에서 너의 경험과 생각이 잘 떠오르는 단어를 2개씩 짝지어 연필에 써. 그리고 단어 2개를 모두 넣어 문장을 완성해.

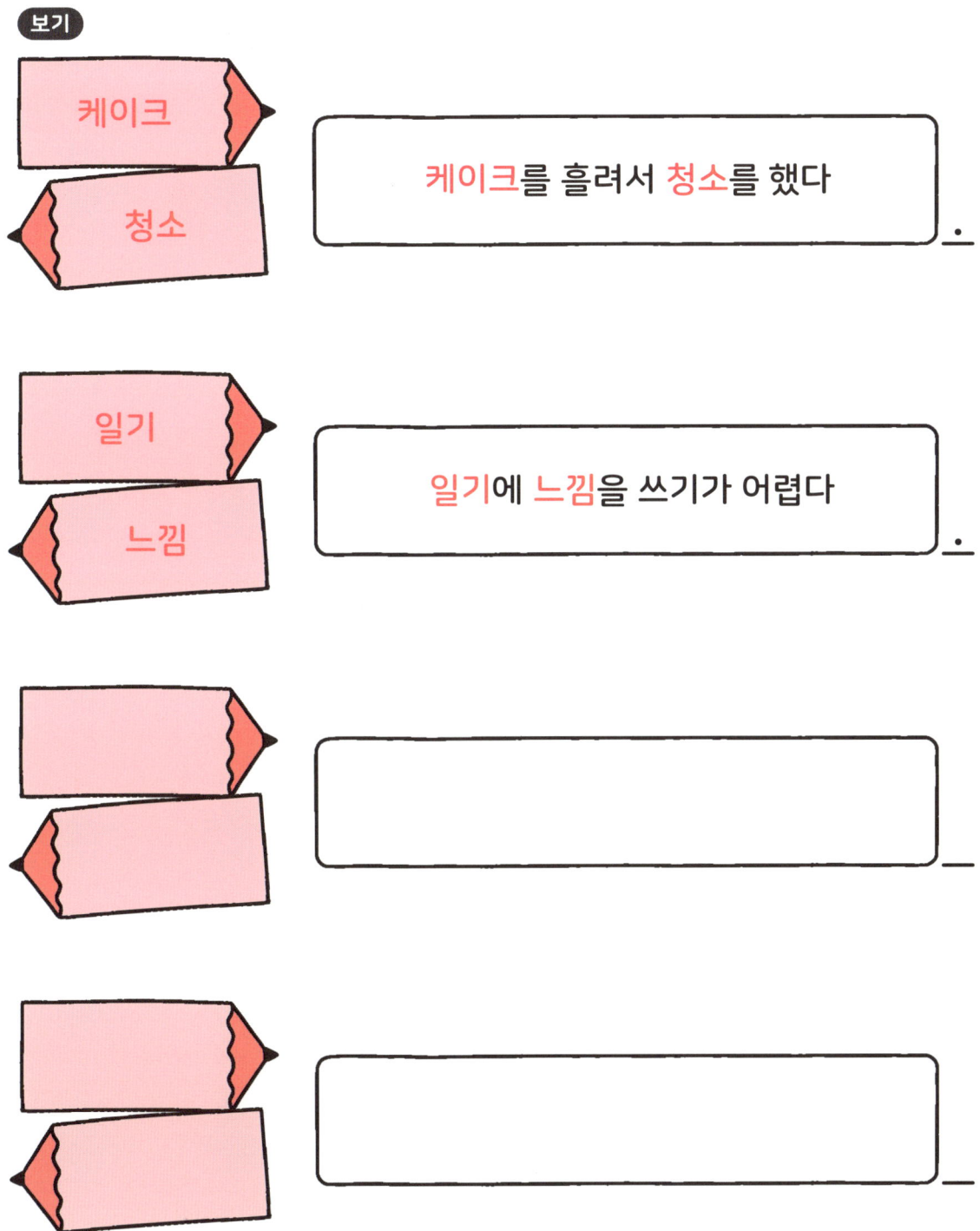

★ 82쪽 표에서 너의 경험과 생각이 잘 떠오르는 단어를 2개씩 짝지어 연필에 써. 그리고 단어 2개를 모두 넣은 문장은 필통에 써 봐.

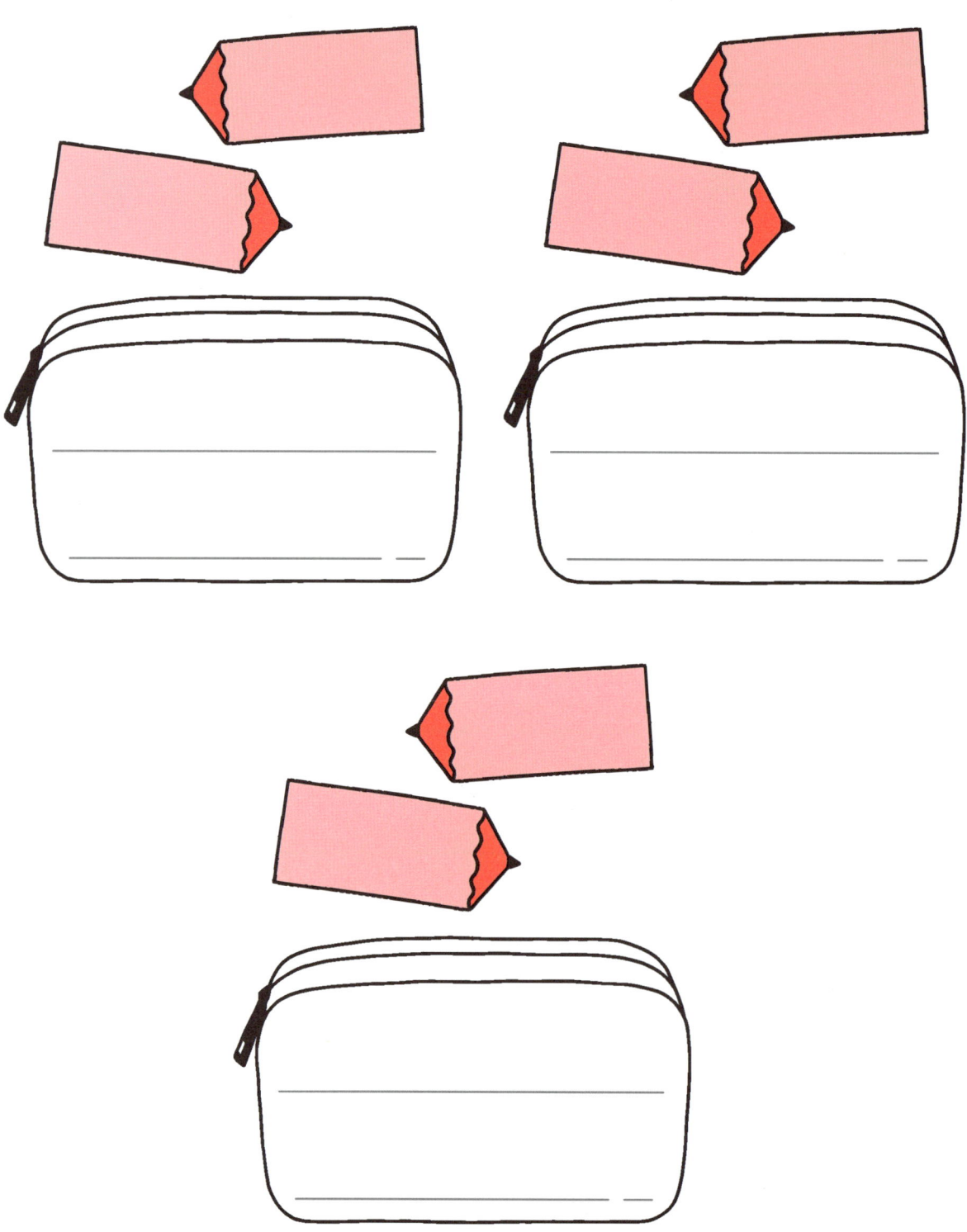

⭐ 한 번 더 연습해. 단어를 2개씩 짝지어 양쪽 구름에 써. 그리고 단어 2개를 모두 넣은 문장은 가운데 무지개에 써 봐.

3 세 단어를 넣어서 써요

이번에는 단어를 3개 골라 한 문장을 쓸 거야. 더 길고 풍성한 문장이 되겠지?

표에 다양한 글감이 있어. 너의 진짜 경험과 생각이 딱 떠오르는 단어를 골라 봐. 이번에는 함께 말하고 싶은 단어 3개씩을 짝지어 줘.

글감

욕심	피아노	꽃	슈퍼	안방	치과
날짜	일요일	동생	고구마	시골	돈
식물	웃음	쓰레기	기차	김치	북한
엄마	선물	휴대폰	컴퓨터	비교	얼굴
취미	마음	실수	아빠	편지	책
반려견	게임	장사	놀이	휴가	소원

⭐ 표에서 너의 경험과 생각이 잘 떠오르는 단어를 3개씩 짝지어 새싹에 써. 그리고 단어 3개를 모두 넣어 문장을 완성해.

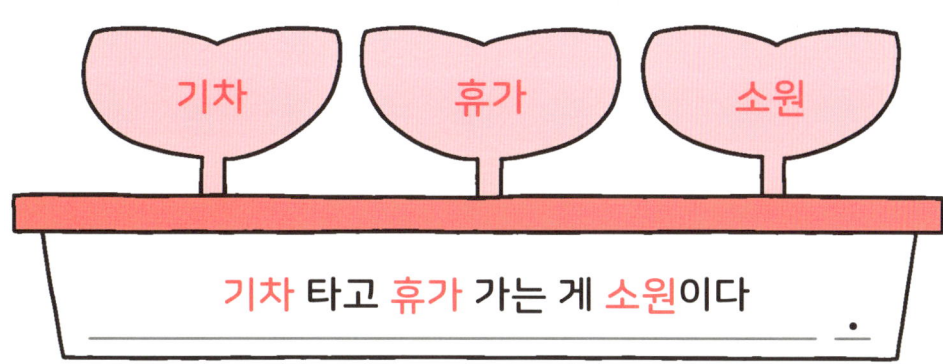

기차 타고 휴가 가는 게 소원이다.

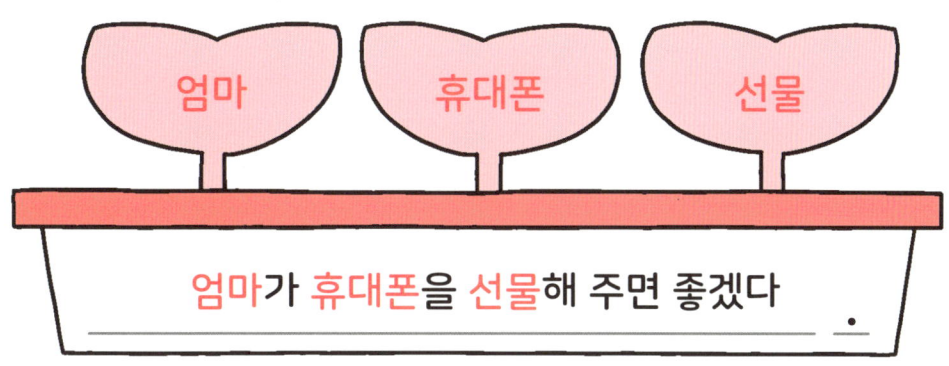

엄마가 휴대폰을 선물해 주면 좋겠다.

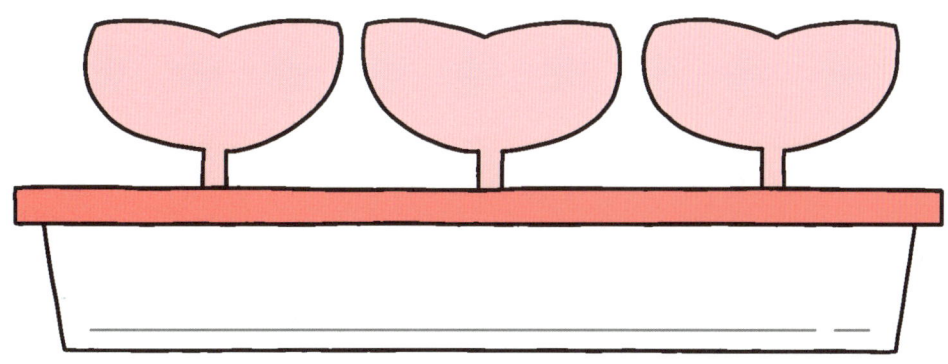

⭐ 86쪽 표에서 너의 경험과 생각이 잘 떠오르는 단어를 3개씩 짝지어 새싹에 써. 그리고 단어 3개를 모두 넣은 문장은 화분에 써 봐.

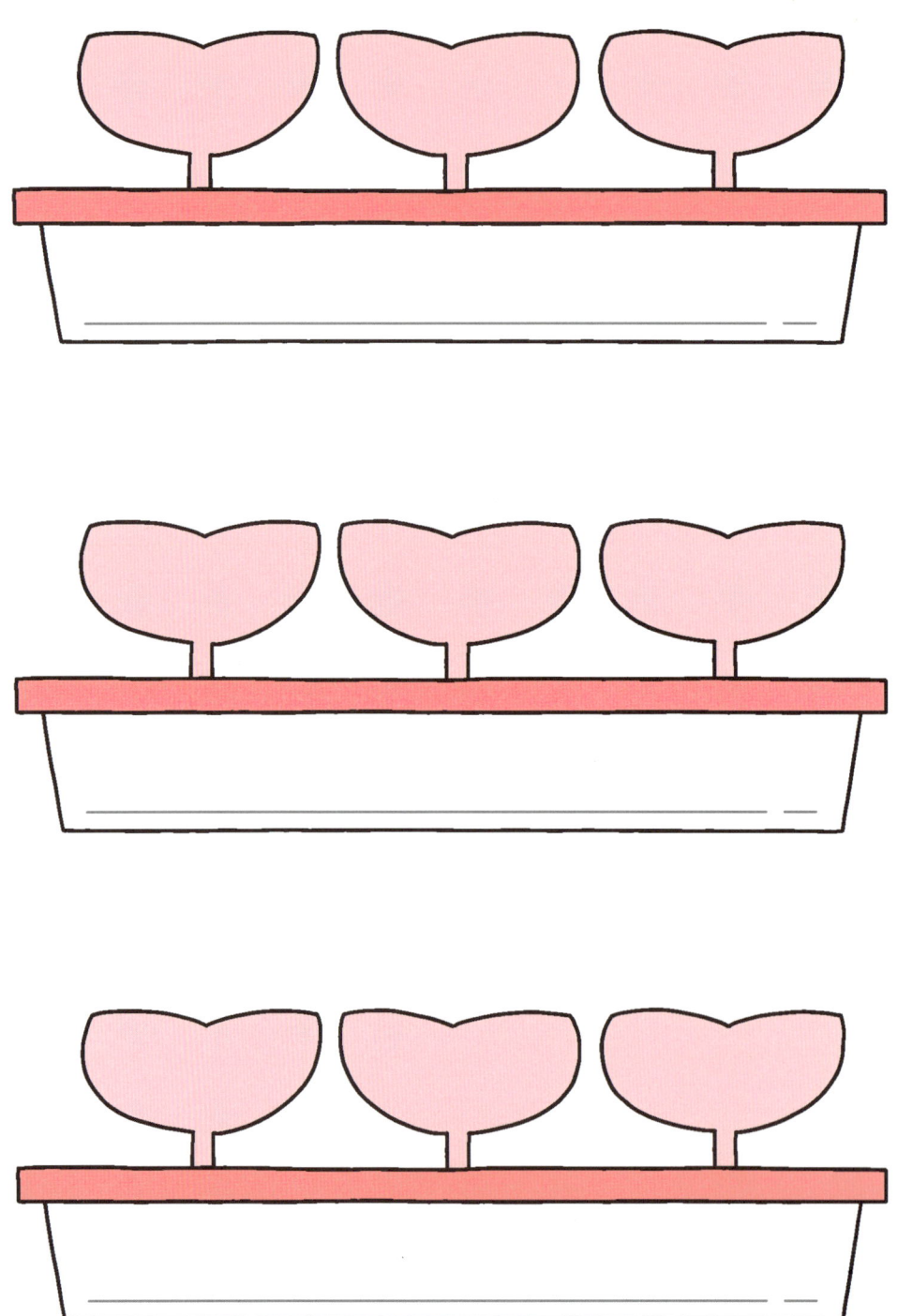

⭐ 한 번 더 연습해. 단어를 3개씩 짝지어 아이스크림에 써. 그리고 단어 3개를 모두 넣은 문장은 컵에 써 봐.

⭐ 단어를 골라 문장을 쓰니 너의 이야기를 더 쉽게 꺼낼 수 있지 않니? 요즘 너에게 진짜 있었던 일과 관련된 단어를 바람개비 날개에 하나씩 써 봐.

⭐ 날개에 쓴 단어 중 2개나 3개를 넣어서 문장을 완성해.

9 문장을 자세히 써요

1 문장을 점점 길게 써요

맨 앞에서 자기소개 한 것 기억나니? 처음에는 짧게 쓰고, 조금씩 길게 써 봤지?
이처럼 문장을 점점 길고 자세하게 만들어 보자.

아래 문장을 하나씩 읽어 봐.

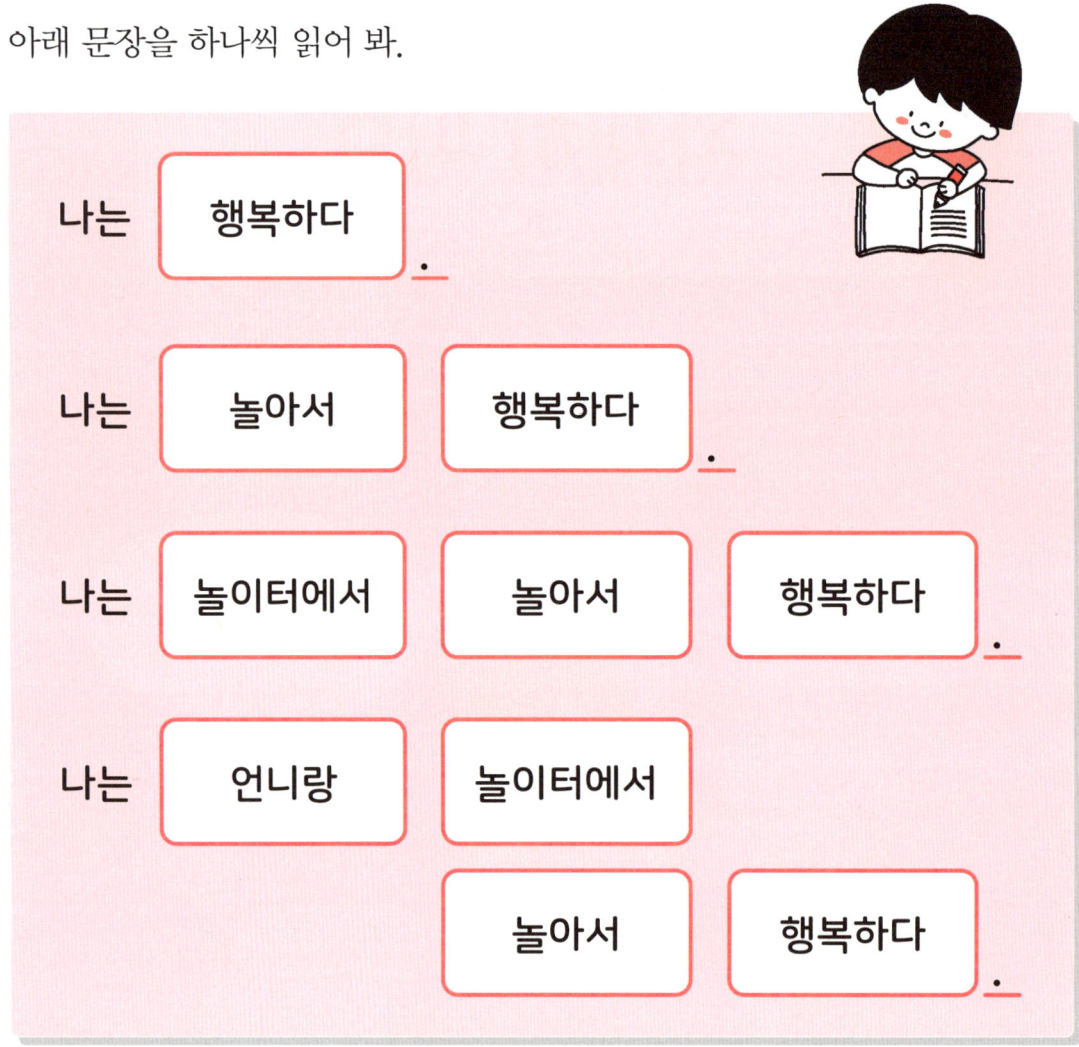

말 덩어리를 하나씩 늘려서 점점 길게 썼어.
이렇게 **문장이 길어지면 뭐가 좋을까?**
더 많은 내용이 담기니까 **너의 경험이나 생각을 자세히 전달할 수 있지.**

★ 이제 네가 해 봐. '나' 하면 뭐가 생각나? 첫 문장은 짧게 쓰고 점점 긴 문장으로 완성해. 앞 문장과 계속 연결되게 써도 되고, 문장마다 새로운 내용을 써도 돼.

나

보기
나는 　행복하다　.

나는 ☐ ☐ .

나는 ☐ ☐ ☐ .

나는 ☐ ☐
　　　　 ☐ ☐ .

점점 더 긴 문장으로 표현하니 어때?
소감을 말해 봐!

⭐ '오늘' 하면 뭐가 생각나? 첫 문장은 짧게 쓰고, 점점 긴 문장으로 완성해. 앞 문장과 계속 연결되게 써도 되고, 문장마다 새로운 내용을 써도 돼.

오늘

⭐ '치킨' 하면 뭐가 생각나? 첫 문장은 짧게 쓰고, 점점 긴 문장으로 완성해. 앞 문장과 계속 연결되게 써도 되고, 문장마다 새로운 내용을 써도 돼.

치킨

치킨은 ▢.

치킨은 ▢ ▢.

치킨은 ▢ ▢ ▢.

치킨은 ▢ ▢
　　　　▢ ▢.

⭐ '내일' 하면 뭐가 생각나? 첫 문장은 짧게 쓰고, 점점 긴 문장으로 완성해. 앞 문장과 계속 연결되게 써도 되고, 문장마다 새로운 내용을 써도 돼.

내일

내일은 _____

내일은 _____ _____

내일은 _____ _____ _____

내일은 _____ _____
_____ _____

⭐ '엄마' 하면 뭐가 생각나? 첫 문장은 짧게 쓰고, 점점 긴 문장으로 완성해. 앞 문장과 계속 연결되게 써도 되고, 문장마다 새로운 내용을 써도 돼.

엄마

엄마가 _____.

엄마가 _____ _____.

엄마가 _____ _____ _____.

엄마가 _____ _____
_____ _____.

2 문장을 한 번에 길게 써요

이번에는 짧은 문장부터 긴 문장으로 조금씩 늘려 쓰지 않고, 한 번에 길게 써 보자!

'언제', '어디', '누가', '무엇'을 표현하는 말을 각각 모았어. 이 중에서 너의 경험과 생각이 잘 떠오르는 단어를 골라.

언제
오늘 / 어제 / 아침에 / 주말에 / 어릴 때

어디
내 방에서 / 학교에서 / 여행지에서 / 학원에서 / 집에서

누가
아빠가 / 동생이 (언니가, 오빠가) / 친구가 / 선생님이 / 내가

무엇
치킨을 / 공부를 / 그림을 / 축구를 / 싸움을

선생님은 '언제'에 있는 '주말에'와 '무엇'에 있는 '공부를'을 골랐어. 줄줄이 소시지 맨 앞에 각각 쓰고, 이어지는 소시지 칸을 모두 채워. 그러면 한 번에 길고 자세한 문장이 완성돼! 잘 보고 다음 장부터 네가 해 봐.

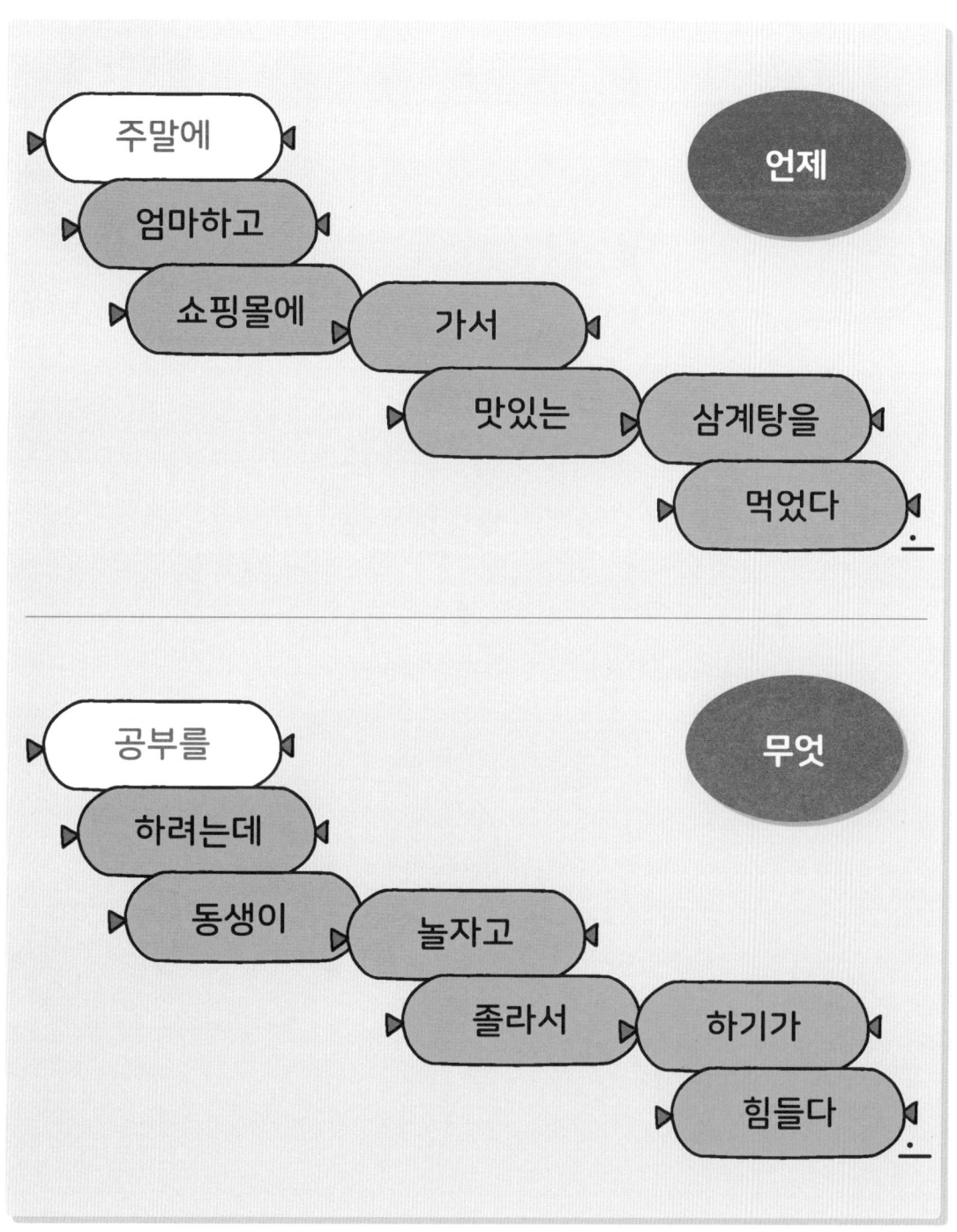

⭐ 98쪽 '언제'에서 너의 경험과 생각이 떠오르는 단어를 골라 맨 앞에 써. 그리고 이 단어로 시작되는 문장을 줄줄이 소시지에 한 번에 길게 써 봐.

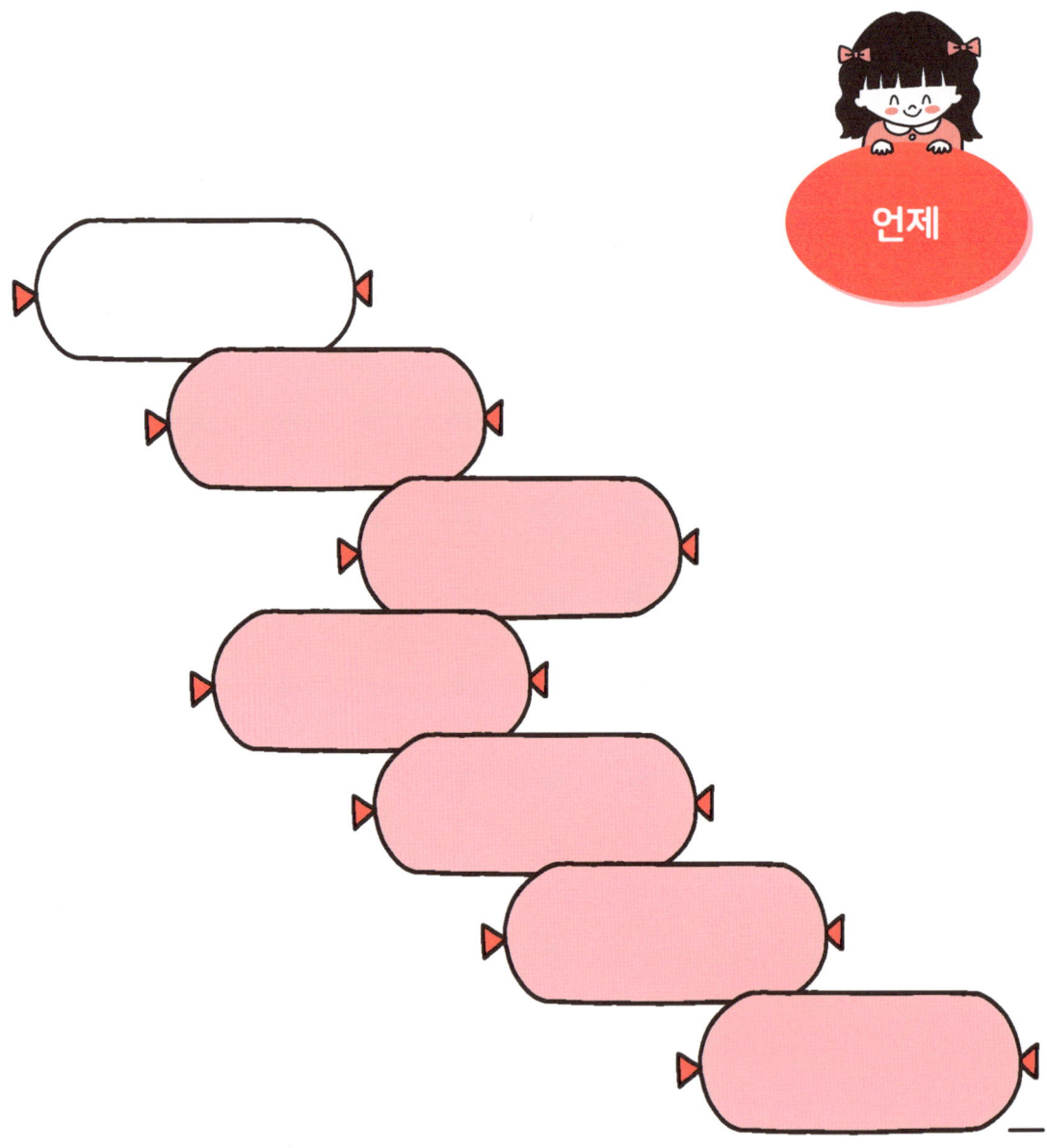

★ 98쪽 '어디'에서 너의 경험과 생각이 떠오르는 단어를 골라 맨 앞에 써. 그리고 이 단어로 시작되는 문장을 줄줄이 소시지에 한 번에 길게 써 봐.

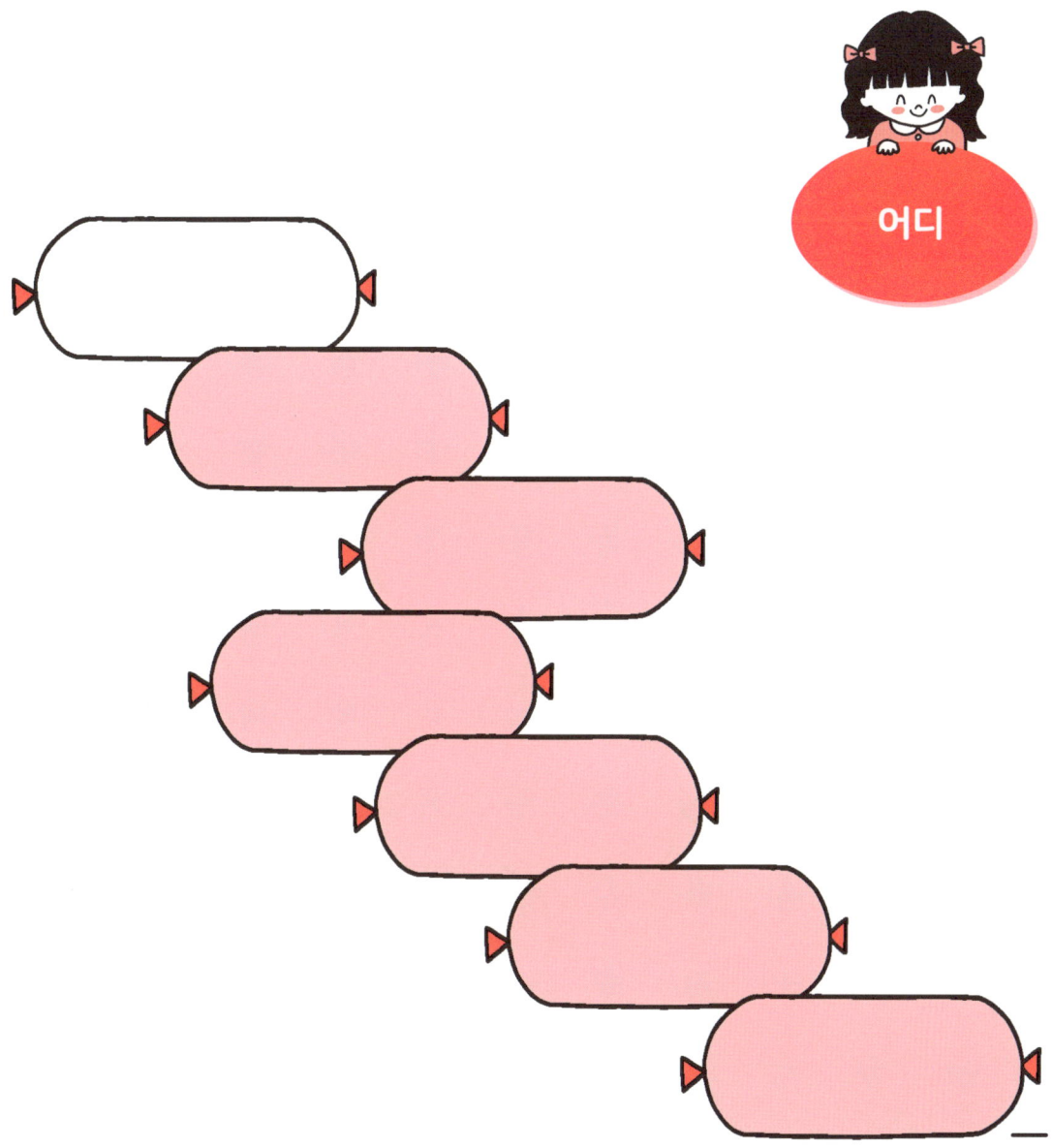

⭐ 98쪽 '누가'에서 너의 경험과 생각이 떠오르는 단어를 골라 맨 앞에 써. 그리고 이 단어로 시작되는 문장을 줄줄이 소시지에 한 번에 길게 써 봐.

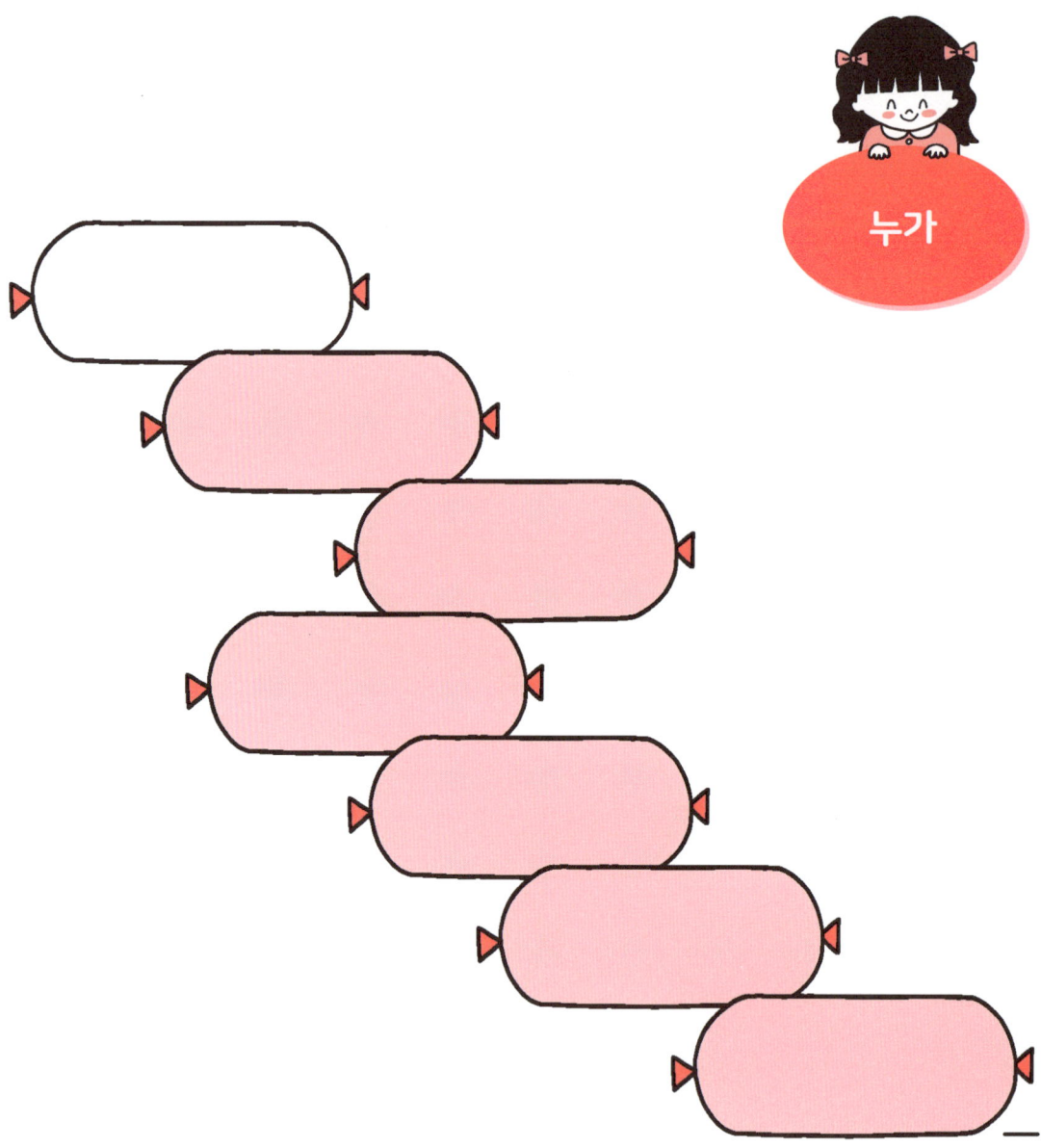

⭐ 98쪽 '무엇'에서 너의 경험과 생각이 떠오르는 단어를 골라 맨 앞에 써. 그리고 이 단어로 시작되는 문장을 줄줄이 소시지에 한 번에 길게 써 봐.

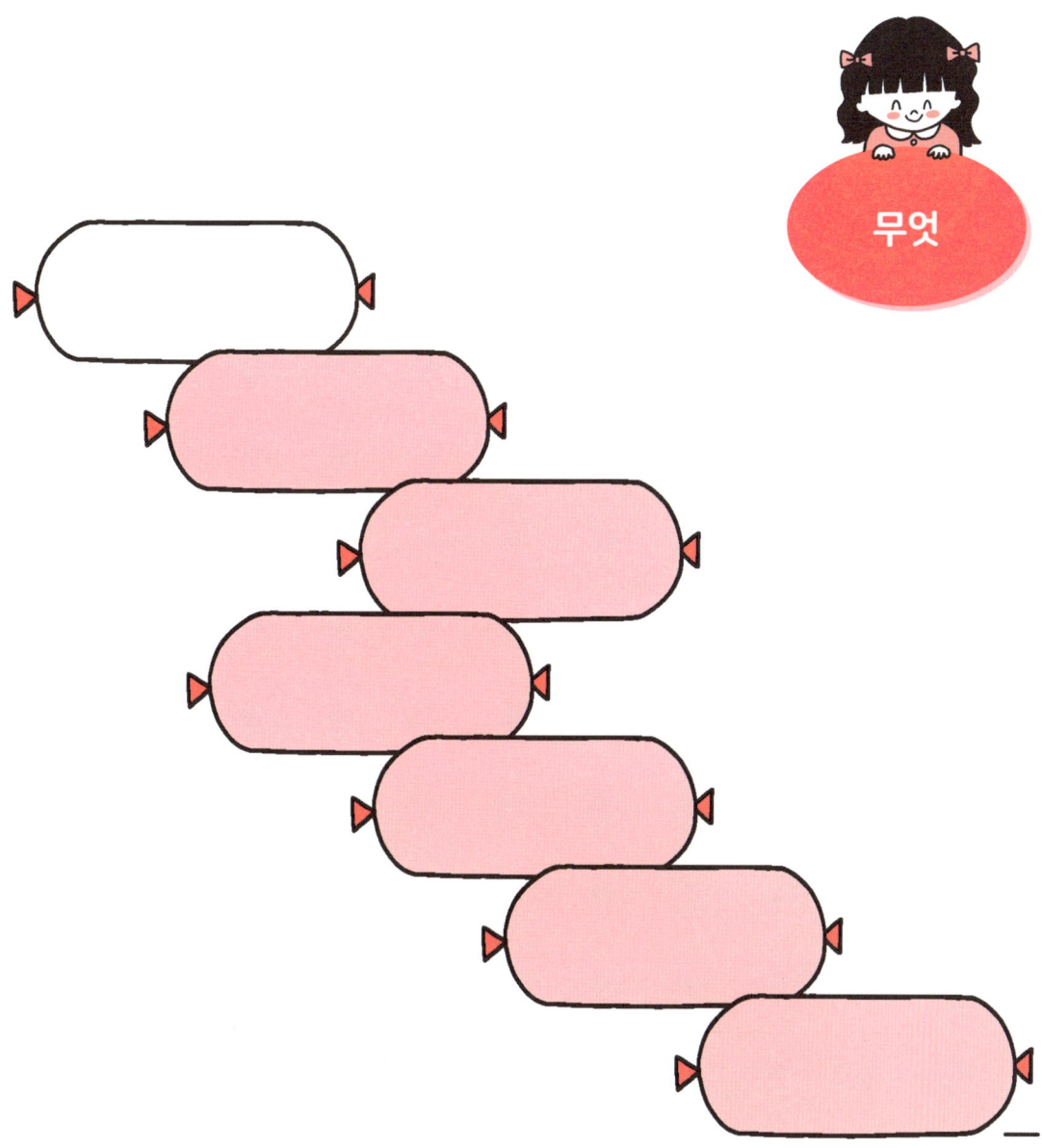

⭐ 요즘 너에게 있었던 일은 뭐야? 그게 '언제'였는지를 나타내는 단어를 맨 앞 비눗방울에 써. 그리고 이어지는 칸을 채워서 긴 문장을 한 번에 완성해.

10 두 문장과 세 문장을 써요

1 어휘를 사용해 두 문장을 써요

글을 쓸 때는 적절한 어휘를 사용해야 해. '어휘'는 어떤 상황이나 공간에서 같이 쓰일 수 있는 단어들을 부르는 말이야.

'학교'를 생각해 볼까? '학교' 하면 떠오르는 단어들을 아래에 모두 썼어.
이렇게 **관련된 단어를 모두 모은 게** '**어휘**'야.
어휘를 다양하게 쓰면 너의 경험과 생각을 표현하기 더욱 좋아.

학교

- 계단
- 복도
- 선생님
- 칠판
- 친구
- 공부
- 급식
- 화장실
- 수학
- 쉬는 시간

이제 두 문장을 써 보자. 선생님은 어휘 2개를 가지고 문장 2개를 썼어.

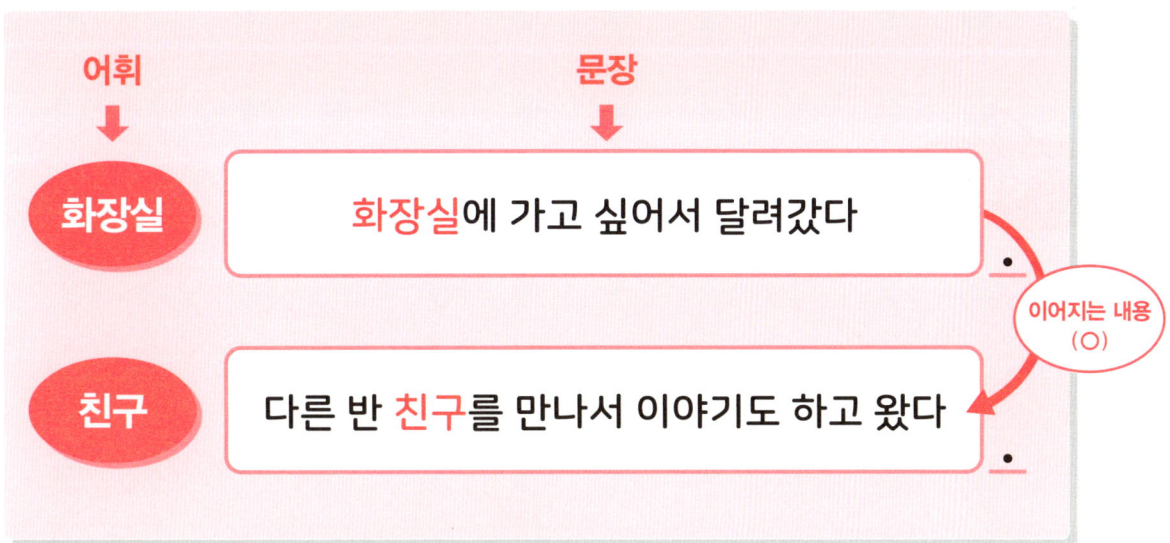

문장 2개를 서로 이어지는 내용으로 썼지. 그러니 화장실에 갔다가 다른 반 친구를 만나서 이야기하고 왔다는 글이 되었지?
이렇게 **두 문장을 이어지는 하나의 내용으로 쓰면** 멋진 글이 완성돼.

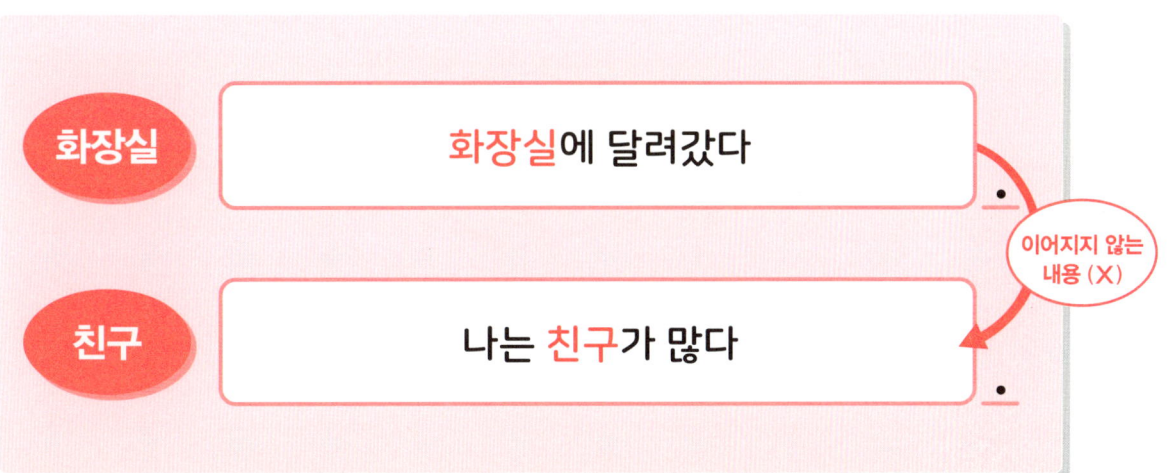

이건 두 문장이 서로 이어지지 않네. 그러면 글이 잘 이해되지 않아. 어휘를 사용하고, 두 문장의 내용이 서로 이어지게 쓰는 것을 연습해 보자.

⭐ 먼저 어휘를 떠올려. '학교' 하면 생각나는 단어 10개를 빈칸에 써 봐(아직 학교를 다니지 않는 친구들은 상상해서 써.). 앞에 나온 단어와 겹쳐도 괜찮아.

모두 잘 썼어! 쓴 단어들을 봐.
너의 진짜 경험과 생각이 떠오를 거야.

⭐ 쓴 어휘 중 2개를 골라서 위 칸에 써. 그리고 하나씩 넣어서 너에게 있었던 일을 두 문장으로 완성해. 문장은 한 줄에 하나씩 쓰고, 두 문장의 내용은 서로 이어져야 해.

이런 경험과 생각이 있었구나.
너의 이야기를 들려주어서 고마워.

★ 이번 주제는 '엄마'야. '엄마' 하면 생각나는 단어 10개를 빈칸에 써 봐.

모두 잘 썼어! 쓴 단어들을 봐.
너의 진짜 경험과 생각이 떠오를 거야.

⭐ 쓴 어휘 중 2개를 골라서 위 칸에 써. 그리고 하나씩 넣어서 너에게 있었던 일을 두 문장으로 완성해. 문장은 한 줄에 하나씩 쓰고, 두 문장의 내용은 서로 이어져야 해.

이런 경험과 생각이 있었구나.
너의 이야기를 들려주어서 고마워.

⭐ 이번 주제는 '공부'야. '공부' 하면 생각나는 단어 10개를 빈칸에 써 봐.

모두 잘 썼어! 쓴 단어들을 봐.
너의 진짜 경험과 생각이 떠오를 거야.

⭐ 쓴 어휘 중 2개를 골라서 위 칸에 써. 그리고 하나씩 넣어서 너에게 있었던 일을 두 문장으로 완성해. 문장은 한 줄에 하나씩 쓰고, 두 문장의 내용은 서로 이어져야 해.

이런 경험과 생각이 있었구나.
너의 이야기를 들려주어서 고마워.

⭐ 이번 주제는 '떡볶이'야. '떡볶이' 하면 생각나는 단어 10개를 빈칸에 써 봐.

모두 잘 썼어! 쓴 단어들을 봐.
너의 진짜 경험과 생각이 떠오를 거야.

⭐ 쓴 어휘 중 2개를 골라서 위 칸에 써. 그리고 하나씩 넣어서 너에게 있었던 일을 두 문장으로 완성해. 문장은 한 줄에 하나씩 쓰고, 두 문장의 내용은 서로 이어져야 해.

이런 경험과 생각이 있었구나.
너의 이야기를 들려주어서 고마워.

⭐ 이번 주제는 '똥'이야. '똥' 하면 생각나는 단어 10개를 빈칸에 써 봐.

모두 잘 썼어! 쓴 단어들을 봐.
너의 진짜 경험과 생각이 떠오를 거야.

⭐ 쓴 어휘 중 2개를 골라서 위 칸에 써. 그리고 하나씩 넣어서 너에게 있었던 일을 두 문장으로 완성해. 문장은 한 줄에 하나씩 쓰고, 두 문장의 내용은 서로 이어져야 해.

이런 경험과 생각이 있었구나.
너의 이야기를 들려주어서 고마워.

2 이어지는 세 문장을 써요

적절한 어휘를 사용해서 서로 이어지는 세 문장까지 써 보자.

★ 이번 주제는 '책'이야. '책' 하면 생각나는 단어 10개를 빈칸에 써 봐.

모두 잘 썼어! 쓴 단어들을 봐.
너의 진짜 경험과 생각이 떠오를 거야.

★ 쓴 어휘 중 3개를 골라서 위 칸에 써. 그리고 하나씩 넣어서 너에게 있었던 일을 세 문장으로 완성해. 문장은 한 줄에 하나씩 쓰고, 세 문장의 내용은 서로 이어져야 해.

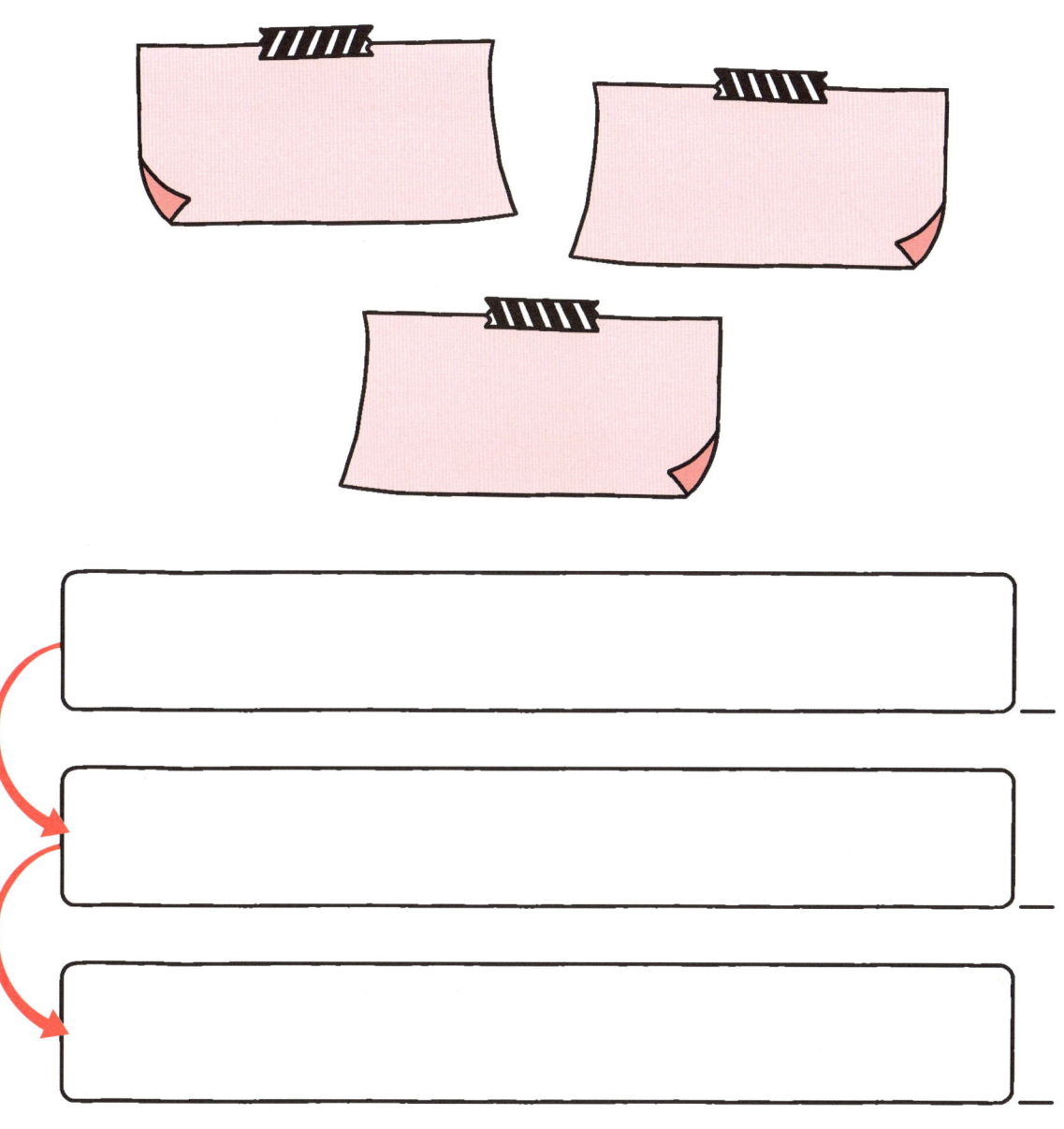

이런 경험과 생각이 있었구나.
너의 이야기를 들려주어서 고마워.

★ 이번 주제는 '편의점'이야. '편의점' 하면 생각나는 단어 10개를 빈칸에 써 봐.

모두 잘 썼어! 쓴 단어들을 봐.
너의 진짜 경험과 생각이 떠오를 거야.

⭐ 쓴 어휘 중 3개를 골라서 위 칸에 써. 그리고 하나씩 넣어서 너에게 있었던 일을 세 문장으로 완성해. 문장은 한 줄에 하나씩 쓰고, 세 문장의 내용은 서로 이어져야 해.

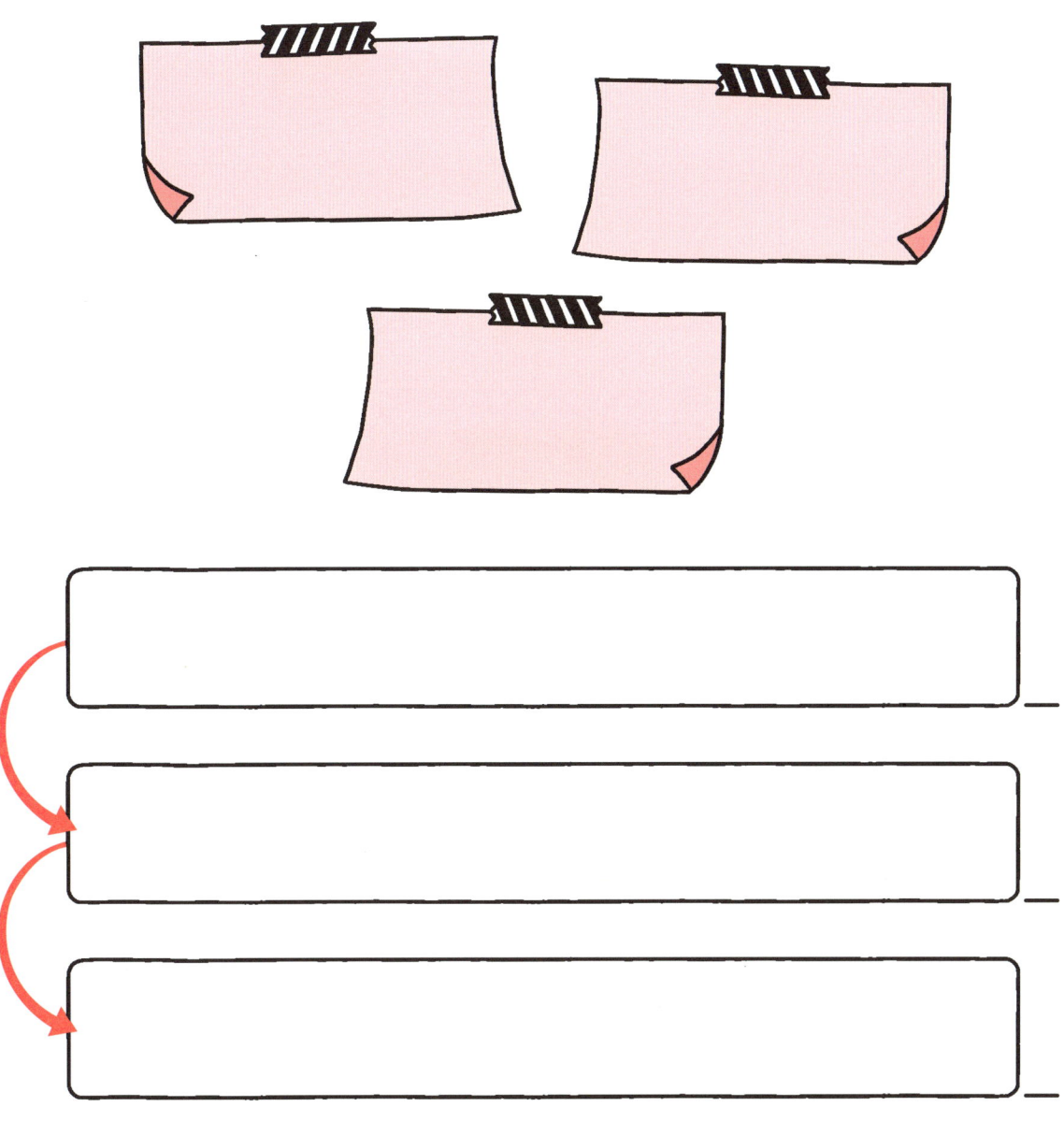

이런 경험과 생각이 있었구나.
너의 이야기를 들려주어서 고마워.

★ 이번 주제는 '친구'야. '친구' 하면 생각나는 단어 10개를 빈칸에 써 봐.

모두 잘 썼어! 쓴 단어들을 봐.
너의 진짜 경험과 생각이 떠오를 거야.

⭐ 쓴 어휘 중 3개를 골라서 위 칸에 써. 그리고 하나씩 넣어서 너에게 있었던 일을 세 문장으로 완성해. 문장은 한 줄에 하나씩 쓰고, 세 문장의 내용은 서로 이어져야 해.

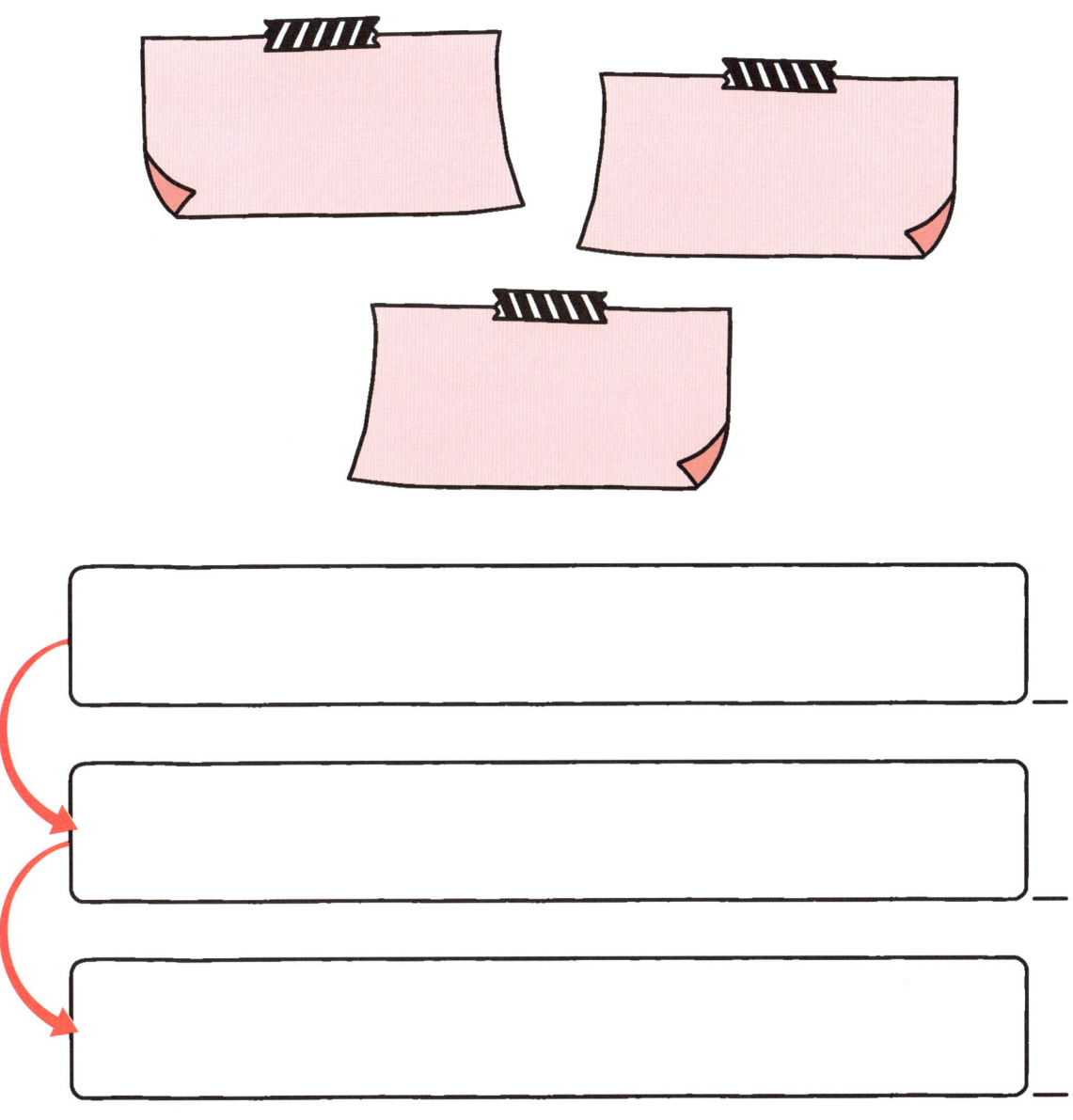

이런 경험과 생각이 있었구나.
너의 이야기를 들려주어서 고마워.

⭐ 지금까지 '떡볶이', '똥', '책' 등의 주제로 어휘를 떠올려서 문장을 썼어. 이 주제 말고도 쓰고 싶은 게 있어? 빈칸을 채워 주제 전구의 불을 모두 켜.

⭐ 위에서 주제를 하나만 골라 글을 써 봐. 이번에는 어휘를 떠올리지 않고 바로 세 문장을 써. 세 문장의 내용이 서로 잘 이어지면 멋진 하나의 글이 완성돼.

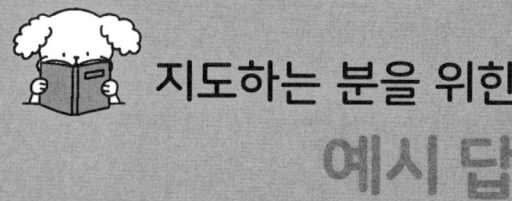

지도하는 분을 위한
예시 답

✏️ 오현선 선생님의 지도 팁

책 속 활동에 대한 지도하는 분의 이해를 돕는 부분이며, 자유로운 글쓰기를 위해 어린이는 답을 보지 않고 쓰도록 해요. 다양한 글감으로 여러 문장을 자유롭게 쓰면서 글쓰기란 무엇인지 몸으로 체험하게 지도해 주세요.

처음부터 정확한 문법으로 쓰는 것보다는 서툴더라도 스스로 보고, 듣고, 느낀 것을 뭐든 꺼내어 쓰는 게 중요해요. 생생한 글쓰기를 할 수 있다면 문법은 나중에 자연스레 다듬어집니다. 정말 쓰고 싶은 글쓰기, 살아 있는 글쓰기를 하는 어린이를 끝까지 응원해 주세요.

지도하는 분을 위한 예시 답

시작전 5쪽

* 참고용 예시 답이에요. 답을 보지 않고 내 이름과 이야기로 써요. 어려우면 이 책을 끝나고 다시 해 봐요.

나는 라온이야.

나는 좋아해.

나는 동물을 좋아해.

나는 커서 수의사가 될래.

나는 아픈 동물을 돕고 싶어.

1장

8쪽

②번

9쪽

글쓰기는 즐겁다

* 문장 뒤에 마침표가 있다는 것도 보게 해 주세요.

10쪽

나는 놀이터가 좋다. 놀이터에 가면 그네를 탄다. 엄마가 나를 보고 웃는다. 어? 비가 온다! 집에 들어왔다.

6개

11쪽

6문장

12쪽

지렁이

지렁이가 내 앞을 지나갔다. 만져 봤다.

젤리 같았다. 풀 속으로 들어갔다.

다음에 또 만나자!

5문장

13쪽

14쪽

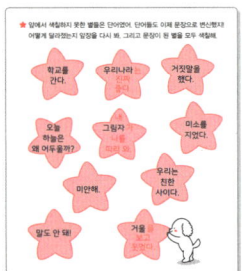

15쪽

16쪽

2장

19쪽

딸기를 먹었다.

나는 소중해.

여행을 갔다.

20쪽
하늘이 파랗다.
새싹이 나왔다.
노래를 부른다.

21쪽
낙엽이 떨어진다.
노래를 부른다.
눈이 내린다.
숙제가 많다.
아빠는 바쁘다.
자동차가 달린다.
토끼가 귀엽다.
* 이 중 3개를 쓰면 돼요. 이것 말고 다른 문장으로 만들어도 뜻이 이어지면 돼요.

23쪽
엄마가 마트에 갔다.
아이들이 공원에 많다.
아이스크림이 살살 녹는다.
* 문장의 주인(주어)이 맨 앞에 오면 자연스러워요. '엄마가', '아이들이', '아이스크림이'를 맨 앞에 써요.

24쪽
선물을 받아서 기뻐요.
별명을 부르지 말자.
오늘은 비가 내려요.

25쪽
귀여운 강아지가 따라온다.
여름에는 팥빙수를 먹어요.
오빠는 나에게 친절하다.

26쪽
오늘은 탕수육을 먹었다.
바람이 불면 춥다.
언제까지나 너를 사랑해.
동생이 귀여워서 쓰다듬었다.
나는 친구가 많다.
* 이 중 2개를 쓰면 돼요. 이것 말고 다른 문장으로 만들어도 뜻이 이어지면 돼요.

3장

29쪽
치킨을 주문해서 맛있게 먹었다.
우리 강아지가 똥을 쌌다.
책을 읽으면 마음이 뿌듯하다.

30쪽
더운데 축구를 했더니 힘들다.
친구랑 싸워서 기분이 별로다.
할머니가 용돈을 주셔서 기뻐요.

31쪽
바다에 가면 시원해서 좋다.
일요일은 가족과 공원에 간다.
선생님이 칭찬해서 기분이 좋았다.
* 이 중 2개를 쓰면 돼요.

33쪽
라면은 훌훌 불어서 먹어야 맛있다.
비가 주룩주룩 내리면 부침개를 먹어야지.
* '훌훌', '주룩주룩'은 '불어서'와 '내리면' 앞에 와서 그 뜻을 더 분명히 해 줘요.

34쪽
저녁밥을 먹으면 양치질을 꼭 한다.
여름에 달달한 수박을 먹으면 시원하다.

35쪽
학교는 언제나 행복하고 즐거운 곳이다.
아빠가 나를 꼭 안으면 행복하다.

36쪽
친구의 생일에 선물을 주니 기뻐했다.
운동장에서 달리기를 하니 땀이 흘렀다.
시장에 가면 맛있는 음식이 많다.
* 이 중 2개를 쓰면 돼요.

지도하는 분을 위한 **예시 답**

* 39쪽부터는 참고용 예시 답이에요. 답을 보지 않고 내가 진짜 경험한 일과 생각으로 써 봐요. 문장을 처음부터 완벽하게 쓰려고 하기보다 정말 쓰고 싶은 것을 마음껏 쓰는 게 더 중요해요.

4장

39쪽

엄마는 나를 많이 좋아한다.
내 친구는 목소리가 크다.
강아지는 나를 하루 종일 따라다닌다.
사람은 매일 움직인다.
선생님은 아는 게 많다.

41쪽

나는 아침마다 초코 시리얼을 먹고 싶다.
저녁이 되면 배가 꼬르륵거린다.
쉬는 시간에 화장실에 갔다.
책을 읽을 때는 혼자가 편하다.
심심할 때는 동생에게 놀자고 한다.

43쪽

마트에서 카트를 끌면 재미있다.
화장실에서 방귀 냄새가 심하게 났다.
길거리에서 파는 군고구마를 샀다.
내 방에서 동생과 보드게임을 했다.
놀이터에서 선생님을 만나서 인사했다.

45쪽

사과는 껍질을 깎으면 노란색이다.
신호등은 지키지 않으면 위험하다.
과자는 땅에 떨어지면 비둘기 밥이 된다.
똥은 황금색으로 나오면 좋다.
아파트는 네모나고 길쭉하게 생겼다.

47쪽

지구가 뜨거워지면 어떻게 되지?
할머니는 왜 머리카락이 흰색일까?
글쓰기는 누구에게나 재밌을까?
마음이 자꾸 두근대면 어쩌지?
일요일은 그 가게가 문을 닫을까?

49쪽

세상은 끝없이 넓어!
공부는 죽을 때까지 하는 거라니!
바다가 이렇게 오염되다니!
정말로 재밌는 놀이야!
어머, 구름 모양이 신기해!

50쪽

도서관에서 책을 찾기가 힘들다.
어제 낮에 배가 아파서 병원에 갔다.
동생이 아이돌 춤을 췄다.
강아지가 왜 자꾸 짖는 걸까?
세상에, 눈이 이렇게 많이 오다니!

5장

53쪽

매운 떡볶이를 먹었다.
할아버지하고 놀이터에서 놀았다.
날씨가 너무 추워서 뛰었다.
새로 산 원피스를 입었다.
엄마가 나를 보고 웃었다.

55쪽

천둥소리에 심장이 쿵 떨어졌다.
체육관에서 수영을 시작했다.
배달 온 택배 상자를 열었다.
푹 자고 기분 좋게 일어났다.

57쪽

중고책인데도 깨끗하다.
전쟁을 일으킨 사람은 나쁘다.
내 의자가 작아서 불편하다.
하루 종일 걸었더니 배고프다.
동생은 잘 때가 제일 예쁘다.

59쪽

비행기가 지나가는 소리가 시끄럽다.
엄마 품에 안기면 편안하다.
라면은 후 불지 않고 먹으면 뜨겁다.
비가 오니까 낮이어도 어둡다.

60쪽

- 움직말을 넣은 문장 – 강아지가 나비를 따라간다.
- 그림말을 넣은 문장 – 김밥은 잔디밭에 앉아 먹으면 더 맛있다.

* 그림을 보고 떠오르는 내 경험과 생각을 써도 되고, 그림 내용을 설명하는 문장을 써도 좋아요.

6장

63쪽

우산: 투명 우산을 쓰면 빗방울이 보여서 재밌다.
생일: 생일에 받고 싶은 선물이 있다.

64쪽

유치원: 나는 유치원을 다닌 사람이다.
휴대폰: 엄마가 휴대폰을 하게 해 주면 좋겠다.
친구: 친구하고 놀 때가 제일 좋다.
여름: 여름에는 수영장이 최고야!
저녁: 저녁에는 샤워하기가 귀찮다.

65쪽

소나기: 소나기가 언제 그칠까?
포켓몬: 나는 포켓몬 카드가 많다.
유튜브: 유튜브에 올릴 영상을 찍었다.
선물: 엄마는 내가 선물이라고 했다.

* 물음표와 느낌표가 들어가는 문장도 써 보면 좋아요.

67쪽

기대된다: 놀이공원에 가는 게 기대된다.
뿌듯하다: 구구단을 다 외워서 뿌듯하다.

68쪽

쑥스럽다: 선생님이 나를 쳐다보면 쑥스럽다.
외롭다: 밤에 혼자 침대에 누우면 외롭다.
그립다: 세상을 떠난 강아지가 그립다.
감동적이다: 이 동화의 마지막이 감동적이다.
짜증 난다: 수학 문제가 어려워서 짜증 난다.

69쪽

(순서대로) 슬프다(서럽다) / 기쁘다(신난다) /
수줍다(설렌다) / 짜증 난다(밉다) /
놀라다 / 실망스럽다(우울하다)

* 표정에 어울리는 다른 감정말을 써도 괜찮아요.

실망스럽다: 형이 거짓말을 해서 실망스럽다.

70쪽

- 이름말 – 간식, 장난감, 책상 등
- 감정말 – 부끄럽다, 상쾌하다, 화난다 등

7장

73쪽

먹구름: 걱정되어서 마음에 먹구름이 낀 것 같다.
함박눈: 함박눈이 내려서 눈사람을 만들었다.

74쪽

뭉게구름: 하늘에 뭉게구름이 이불이라면 어떨까?
미세 먼지: 미세 먼지 때문에 밖에 나가기 싫다.
화창하다: 어제는 흐렸는데 오늘은 화창하다.
습하다: 매일 비가 와서 집이 습하다.
후덥지근하다: 아빠 차 안이 후덥지근하다.

75쪽

단비: 낮에 단비가 촉촉이 내릴 예정입니다.
강풍: 강풍이 부니 조심하세요!
얼음: 쌓인 눈이 얼음으로 바뀔 거예요.

77쪽

살살 녹는다: 소고기가 입에서 살살 녹는다.
눅눅하다: 오래된 김이 눅눅하다.

 지도하는 분을 위한 **예시 답**

78쪽

맵다: 마라탕 2단계는 맵다.
비리다: 생선회는 비리다.
시큼하다: 냉면 육수를 마셨더니 시큼하다.
싱겁다: 할머니가 해 주는 음식은 싱겁다.
달달하다: 탕후루는 입술만 대어도 달달하다.

79쪽

짜장면: 짜장면은 짭조름해서 자주 먹고 싶다.
가지: 가지는 물컹해서 씹기가 싫다.

80쪽

- **날씨말** – 차갑다, 쨍쨍, 태풍 등
- **음식말** – 부드럽다, 얼큰하다, 개운하다 등

8장

83쪽

여행 / 집: 여행을 오래 하니까 집이 그립다.
시합 / 일등: 달리기 시합에서 일등을 했다.

84쪽

하늘 / 우정: 친구랑 하늘을 보니 우정이 깊어진다.
토요일 / 결혼: 이모가 토요일에 결혼을 한다.
할머니 / 오이: 할머니가 키운 오이는 정말 맛있다.

85쪽

태권도장 / 땀: 태권도장에 가면 항상 땀이 난다.
엄마 / 거짓말: 엄마는 내가 거짓말하면 다 안다.

87쪽

일요일 / 아빠 / 안방: 일요일에 아빠는 안방에서 잠만 잔다.

88쪽

꽃 / 쓰레기 / 웃음: 꽃인 줄 알았는데 쓰레기여서 웃음이 났다.
취미 / 피아노 / 욕심: 취미로 피아노를 배우는데 더 잘하고 싶은 욕심이 든다.
치과 / 날짜 / 마음: 치과에 가는 날짜가 되어서 마음이 괴롭다.

89쪽

책 / 편지 / 컴퓨터: 책을 읽고 작가님께 편지를 써서 컴퓨터로 보냈다.
동생 / 김치 / 게임: 동생은 김치를 싫어해서 게임하듯이 먹인다.

90쪽

자전거 / 한강 / 바람 / 치킨 / 아빠 / 강아지

고른 단어: 한강 / 자전거 / 바람
주말에 한강에서 자전거를 탔는데 바람이 좋았다.

9장

*93~97쪽은 서술어를 한 가지로 정해 두고 짧은 문장부터 긴 문장을 써도 좋고, 문장마다 서술어를 각각 다르게 해서 새롭게 써도 좋아요.

93쪽

나는 웃으니까 행복하다.
나는 이야기하고 웃으니까 행복하다.
나는 친구와 이야기하고 웃으니까 행복하다.

94쪽

오늘 슬펐다.
오늘 아침부터 슬펐다.
오늘 언니가 놀려서 슬펐다.
오늘 친구가 이사를 가서 슬펐다.

95쪽

치킨은 바삭하다.
치킨은 후라이드가 맛있다.
치킨은 요즘 많이 비싸다.
치킨은 밤에 가족과 먹으면 꿀맛이다.

96쪽
내일은 방학이다.
내일은 늦게 일어나야지.
내일은 삼촌하고 영화를 본다.
내일은 가족이 모두 외식하는 날이다.

97쪽
엄마가 부른다.
엄마가 나가자고 부른다.
엄마가 밖에 나가자고 부른다.
엄마가 밖에 운동하러 나가자고 부른다.

100쪽
아침에 / 눈이 / 떠지지 / 않아서 / 일어나기 / 힘들었지만 / 일어났다.

101쪽
집에서 / 동생과 / 삼촌이랑 / 보드게임을 / 했는데 / 내가 / 이겼다.

102쪽
선생님이 / 수학을 / 재밌게 / 가르쳐 / 주시니까 / 어려워도 / 즐겁다.

103쪽
싸움을 / 하면 / 서로가 / 속상하니까 / 사이좋게 / 지내야 / 한다.

104쪽
낮에 / 친구의 / 집에서 / 신나게 / 놀았더니 / 피곤하다.

10장

108쪽
학교
선생님, 걱정, 친구, 화장실, 칠판, 운동장, 공부, 급식, 교과서, 돌봄 교실 등

109쪽
* 여기부터는 두 문장(두 줄) 쓰기예요. 첫 문장과 다음 문장의 내용이 서로 이어지게 써서 하나의 짧은 글로 완성하게 지도해 주세요.

선생님 / 걱정
내년에 학교에 가면 선생님을 만난다.
그런데 선생님이 무서울까 봐 걱정이다.

110쪽
엄마
떡볶이, 회사, 동생, 요리, 생각, 책, 목소리, 사랑, 향기, 공부 등

111쪽
요리 / 떡볶이
우리 엄마는 요리를 잘한다.
특히 카레떡볶이를 정말 맛있게 만든다.

112쪽
공부
수학, 영어, 머리, 생각, 저녁, 점수, 학원, 지옥, 잠, 거실 등

113쪽
거실 / 지옥
우리 집 거실에서 밤마다 수학을 공부한다.
그때는 거실이 지옥 같다.

114쪽
떡볶이
짜장떡볶이, 국물떡볶이, 김말이, 오뎅, 분식점, 할머니, 젓가락, 돈, 튀김, 순대 등

115쪽
분식점 / 젓가락
피아노 학원 앞 분식점에서 떡볶이를 먹었다.
젓가락이 불편해서 포크로 먹었다.

지도하는 분을 위한 **예시 답**

116쪽
똥
공원, 화장실, 냄새, 방귀, 아빠, 강아지, 아침, 학교, 친구, 팬티 등

117쪽
화장실 / 팬티
똥이 급해서 화장실에 뛰어가서 쌌다.
팬티에 조금 묻어서 창피했다.

118쪽
책
책장, 동화, 도서관, 서점, 과학, 만화책, 재미, 저녁, 학교, 사서 선생님 등

119쪽

> * 여기부터는 세 문장(세 줄) 쓰기로, 한 문단의 기본을 완성해 보는 거예요. 첫 문장과 다음 문장의 내용이 모두 이어지게 써서 짧은 글(한 문단)로 완성하게 지도해 주세요.

도서관 / 만화책 / 사서 선생님
우리 동네 도서관에 갔다.
만화책을 3권이나 읽었다.
사서 선생님이 그렇게 재미있냐고 물어봤다.

120쪽
편의점
삼각김밥, 바나나우유, 라면, 친구, 생수, 과자, 용돈, 빵, 껌, 약속 등

121쪽
친구 / 생수 / 바나나우유
친구랑 축구를 하니 목이 말랐다.
생수를 사려고 편의점에 갔다.
생수 대신 바나나우유를 샀다.

122쪽
친구
단짝, 싸움, 질투, 행복, 재미, 깔깔, 학교, 학원, 놀이터, 집 등

123쪽
단짝 / 깔깔 / 행복
지우랑 나는 봄부터 단짝이 되었다.
같이 있으면 늘 깔깔 웃게 된다.
단짝이 있어서 행복하다.

124쪽
주제: 게임, 과자, 돈, 여행 등

고른 주제 : 과자
나는 과자 중에서 감자칩을 제일 좋아한다.
동생도 똑같이 감자칩을 좋아한다.
서로 많이 먹으려고 싸움을 한다.